# 广州周边自驾游

城市周边自驾游系列

良卷文化　编著

重庆大学出版社

**图书在版编目（CIP）数据**

广州周边自驾游/良卷文化编著.—重庆: 重庆大学出版社, 2014.3

(城市周边自驾游系列)

ISBN 978-7-5624-7828-7

Ⅰ.①广… Ⅱ.①良… Ⅲ.①旅游指南—广州市 Ⅳ.①K928.965.1

中国版本图书馆CIP数据核字（2013）第267528号

城市周边自驾游系列

**广州周边自驾游**

良卷文化 编著

责任编辑：沈 静　　版式设计：沈 静

责任校对：刘雯娜　　责任印制：赵 晟

*

重庆大学出版社出版发行

出版人：邓晓益

社址：重庆市沙坪坝区大学城西路21号

邮编：401331

电话：(023) 88617190　88617185（中小学）

传真：(023) 88617186　88617166

网址：http://www.cqup.com.cn

邮箱：fxk@cqup.com.cn（营销中心）

全国新华书店经销

重庆升光电力印务有限公司印刷

*

开本：889×1194　1/32　印张：6　字数：291千

2014年3月第1版　2014年3月第1次印刷

ISBN 978-7-5624-7828-7　定价：29.80元

---

# 车窗外的风景

## 开着爱车，让心灵轻松休假

或许，在城市的钢筋水泥丛林里，每个人都有过心灵被压抑时的烦躁。好在越来越多的人拥有了汽车。汽车，真是一个让人爱恨交加的玩意儿。它让我们的生活节奏不断加快，却也用它神奇的轮子，载着我们逃离城市的喧嚣，让心灵去休假……

“开车出去玩儿！”周末，我们这样招呼着。平时，西装革履谈生意陪客户；周末，出去放松甚至放纵，在山水泉林间吃喝玩乐。其实，这样蛮好的，既不错过路上的风景，也不被城市疏离与放逐。

于是就有了《城市周边自驾游系列》丛书，本书是其中的《广州周边自驾游》。

## 量身定做自驾旅游书，满足城市家庭周末出游

“城市家庭，周末周边自助游”的定位，让本书有着鲜明的特色。

既然是“家庭”出游，难免拖儿带女，还有行动不便的父母。本书选取的景点、线路，既轻松又不乏趣味：老年人可以拜佛祈福，年轻人可以追求刺激，孩子则可以奔跑在大自然的芳香中。受够了在那些热门景点看人头，本书介绍的大多是非著名景点，尽可能地追求回归自然的野趣。

既然是周末出游，就没有大把的时间来消耗。本书以短线为主，行程基本控制在 1~2 天，个别线路控制在 3 天（总有些心急的人，周五下午就发动汽车绝尘而去）。全年 52 个周末，总不能每周都出游吧，那多累！全书介绍 35 个景点、线路，不多也不少，刚刚好。谢天谢地，十一黄金周还保留着，所以还安排了一条 7 天行程的出游线路，算是黄金周特别奉献吧！

另外，根据“城市周边”“自助”的定位，本书在介绍每个景点、每条线路的时候，都以城市为原点，选择城市周边的景点，详细讲解路书。

## 内容详尽的出游指南

本书以春夏秋冬四季梳理景点，让读者有针对性地选择出游时间。不同的季节有不同的风景，时令的变化总能导演出风景的更替。全书以时间为线索，让读者在最美的季节去最美的地方。

细致的版块设计，让本书有着口袋书的实用性。全书介绍的每一个景点，都分为以下5个部分：景点档案、景点总介、路书、怎么玩和TIPS。景点档案用最简洁的笔墨，讲述景点特色；景点总介则让读者感受风景之美；路书则是详细的行车、游玩指南；怎么玩则是把最有价值的亮点，作条目式介绍；TIPS则是最细心、最周到的温馨提醒。总之，本书像口袋书一样实用，随用随查。

丰富的自驾游知识，让本书有收藏价值。本书第1章为《基础篇》，让读者学到丰富的自驾游知识，包括如何规划最佳线路，如何准备药物，如何选择装备，如何处理意外情况……

明晰的手绘线路图，让读者从容出游。手绘线路图是本书的一个亮点，对照手绘图，读者可以对线路、景点、加油站、收费站、饭店、住宿等信息一目了然，心中有数，从容出游。

人性化的开本设计，让本书适宜摆放在汽车中控台。本书采用32开的开本，最适合摆放在中控台，方便携带、查阅。另外，本书版式清爽，语言清新，图片精美，即使只作为休闲阅读，也能够带来美的享受。

## 本书的作者

本书的作者，既有喜好自驾出游的普通市民，也有资深的自驾游达人。正是这些作者，以他们的切身体验，让本书充满大量的第一手资料，内容鲜活，具有实际的指导作用。本书将用两页内容，来介绍这些作者，这既是向作者们致敬，也是让读者切实分享他们的出游经验。

## 特别声明

本书在编写中，已尽最大努力对书中信息进行核实，努力确保信息及资料的准确性。但随着城市的发展，各地的旅游交通和景点门票等信息，随时都可能发生变化。书中的观点如果与他人的想法或意见不一致，或因本书出版后信息的变化而给您带来不便，我们在此表示歉意，但这并非出版者与编辑者的初衷。

编　者

2013年12月

欢迎关注“城市周边自驾游”微博

http://weibo.com/u/2881656882

# 本书作者

罗平

企业营运总监。热爱摄影与驾驶，多次前往各地原始丛林探索最纯净的美景。摄影作品常被各大网站、论坛采用。

钟秋

喜欢旅游，喜欢摄影，热爱生活，及时行乐主义者，对美食和美景毫无抵抗能力。希望能去更多美丽的地方，感受更多的风土人情。

张冰

都市农人，性情散淡，好徒步，喜行摄，放纵山野。偶居乡间，种菜、浇花、观飞鸟、赏云霞。

汤露

喜欢用相机记录下美好的时光，待以后慢慢回忆。喜欢旅游，趁着年轻多出去走走，生活简单就好。

韩智昆

从事酒类营销工作，自助游爱好者，足迹遍布祖国的大江南北。酷爱自然风光，喜欢在工作之余远离喧嚣的都市，在大自然中寻找心中的恬静。

丈夫：Benly

妻子：水晶玻璃

生活就是为了出行，享受各地美食，感受各地气息，用相片记录各地精彩！

陈琛
黄钊华

人生如戏，岁月如歌，定格瞬间，每段旅程都有我们的足迹。个人主页：http://www.mafengwo.cn/u/17457418.html

郭辉

旅游和摄影爱好者，工作之余喜欢和驴友结伴出游，足迹遍布祖国的名山大川。喜欢结交朋友，也喜欢一起分享生活乐事和旅游趣味。

任建非

1956年生，上海人，退休工人，喜欢旅游。

张逸

现居广州，自由摄影师，经验丰富的世界旅行者和自由撰稿人，喜欢探索不寻常的旅行路线。

游离的影子

公司职员。喜欢旅行，用自己的脚步去丈量每一寸土地，用眼睛和心去看待这个世界。

汤勺

爱好旅行，摄影痴迷者，希望在旅行中寻觅最好的自己。个人主页：http://weibo.com/tangshao

**其他作者**

本书是众多车友、自驾游爱好者的心血和结晶，限于篇幅，以及尊重他们个人意愿，就不再详细介绍，在此一并致谢！他们是：黄国平、小叶、郑晓勇、杨丹、罗佳佳、沙晓云、梁颖。感谢他们的付出！

# 目 录

## 秋 Autumn

## 冬 Winter

# 自驾必读：教你轻松上路

自驾出游，乘着爱车欣赏风景，原本是一件非常轻松愉快的事情。随着有车家庭的增加，自驾游的群体也随之加大。然而，很多新手对自驾游的认识并不多，遇到状况时，很容易手忙脚乱。本章旨在为自驾游新手解决行车途中可能会发生的一些问题，做到轻松上路。

## 自驾游：车轮上的风景

### 自驾游=放松+长见识+交友

同传统旅游一样，自驾游拥有诸多好处。首先，自驾游可以缓解压力，获得放松。不断在熟悉的环境中重复单调的日常生活和工作很容易让人感到厌倦，自驾游是在没有工作或者学习的情况下进行的，并且是去一个新的地方，从而完全抛开了原有的环境与压力，彻底得到了放松。在得到放松的同时，自驾游还会带给人快乐。虽然长时间驾车是一件比较累的事情，但是看风景、品美食、住宾馆、赏民俗、听故事却能够带来很大的愉悦感。在旅行途中，你可以亲眼看到自然景观和人文景观，了解到各地不同的气候和文化信仰，欣赏到各种有趣的动植物，聆听到奇奇怪怪的事情。所以，旅游也是增长见识的重要途径。此外，一般来说，自驾游是和其他车友一起进行的，即使不熟悉，几天的共同生活也会让彼此变成熟人。因此，自驾游=放松+长见识+交友。

### 自驾游的优势

和传统旅游相比，自驾游有着无可比拟的优势。首先，如果出游的地方较远，那么肯定需要携带较多如保暖衣物之类的物品，这会让传统旅游变得很不方便。但是，自驾游的话却可以轻松做到。除了衣物，还可以携带各种饮用水、药品、帐篷以及可以野外做饭的压力锅等。而且，自驾游的主动权是掌握在自己手中的，很多风景好的地方根本没有旅店，这足以让传统旅游的人望而却步。但是，自驾游因为有车的存在，可以在玩儿够之后，再开车去另一个地方住宿。

## 自驾游的必带装备

| | |
|---|---|
| 自驾车 | SUV越野车型：SUV的全称是Sport Utility Vehicle，中文意思是运动型多用途汽车，也就是设计前卫的四轮驱动越野车。这类车不管是在公路上还是在野外道路上都能很好地行驶，而且也有轿车的舒适性。由于带有MPV式的多组合功能座椅，既可带人又可载物。<br>CROSSOVER跨界车型：跨界车，英文简称Crossover，集轿车的舒适性和外观、SUV的操纵性、良好的通过性和安全性、MPV的自由空间性于一体，对各种路况都较为合适，车内空间较大，载物也很方便。<br>MPV旅行车型：MPV是指多用途汽车（Multi-Purpose Vehicles），这是一种由旅行轿车逐渐转变过来的车型。它既具有旅行车宽大的空间，又具有轿车的舒适性，还具有厢式货车的功能。载人可达7~8人，是全家一同出游的最佳选择。目前，欧洲的自驾游市场，几乎都是MPV的天下。<br>不过，现在很多中国家庭使用的自驾车只是一般的轿车，并不是以上所提到的专业自驾车系，自然也不具备专业自驾车所拥有的舒适程度。一般轿车的操作性和越野能力不强，只适合选择路况较好的公路驾驶，应尽量少走山路、水路、泥地、沙地等容易发生危险的路段。 |
| 御寒衣物 | 即使是在夏天，如果自驾去海拔较高的地区，到了晚上温度也一定会很低，所以御寒的衣物是必不可少的。可携带轻便、舒适、保暖性强的衣服，不要携带过于沉重的衣服，以免加重徒步旅行时的负担。 |
| 各种证件 | 出发前，一定要把旅行需要的各种证件准备好，以免带来不必要的麻烦。包括身份证、驾驶证、行驶证、养路费及购置税、车辆使用税的凭证。 |
| 照相机 | 出门旅游，照相机是必不可少的，应该在出门前检查照相机以及照相器材是否准备齐全，照相机的电池是否充满，还要检查是否带好了相关的充电设备。 |

| | |
|---|---|
| 日常用品 | 如果是超过1天的自驾旅游，那么日常生活用品就必须携带了，不然就很有可能会耽搁你的旅行计划。去阳光强烈的地方旅游要准备遮阳帽、墨镜，长时间驾车必需的手套、驾车用的软底鞋。如遇下雨，则必须带上雨衣、雨伞。此外，保温水壶、洗漱用品等都是必不可少的。 |
| 行车装备 | 行车装备须随时放在车上，包括：修车工具1套、打足气的备胎和补胎工具、车用气泵、千斤顶和轮胎扳手、灭火器、拖车绳、启动用的大线、停车警示牌、机油、齿轮油、刹车油、备用灯泡、保险管。 |
| 背包 | 外出旅游，无一例外都会用到背包。如果是短途露营或者长途旅行，需要用到45~80升不等的背包；如果是短途旅游，则需要用到15~30升不等的背包。如果身上携带的小东西比较多，可以准备一个挎包或者腰包，最好是可以放水壶的那种。摄影包则根据个人需要准备，斜挎的取用镜头比较方便。 |
|      | |

## 自驾游的备选装备

| | |
|---|---|
| 野外救生物品 | 如果驾车去人烟稀少的地方旅游，难免会遇到一些问题，而这时往往很难找到人帮忙，所以野外救生的物品在此刻就显得尤为重要了。你可以携带包括指南针、收音机、望远镜、放大镜（也可做取火聚焦镜）、警示灯、反光镜（信号镜）、手电筒、皮带夹、口哨、求救笔等在内的救生物品。 |
| 车载小冰箱 | 在炎热的天气里开着爱车长途跋涉，那种口干舌燥的感觉肯定会打击旅游的积极性。这时，一瓶冰凉的矿泉水或者汽水不仅可以舒缓疲劳，还能带来好心情。车载小冰箱就可以解决这个问题，虽然体积小，不过也可供一家人的需要，而且既可制冷也可加热，非常方便。 |
| 兵工铲 | 不要认为兵工铲是离自己很遥远的东西，对于自驾游来说，这可是一件关键时刻会派上大用场的东西。它不但可以在你露营的时候帮你撬开不平整的石块，方便你固定帐篷，而且能在你的车辆陷入泥泞之中时帮上大忙。 |

| | |
|---|---|
| 帐篷 | 帐篷是野外露营必不可少的装备，对于自驾游的人来说，携带它的可能性是极大的。帐篷分为双层帐、单层帐。双层帐外涂防水层，防止水渗到内帐。单层帐仅在顶部有很小一块防水布，不过胜在透气性能好，适合在不下雨以及天气暖和的情况下使用。双层帐的帐杆分玻璃钢杆和铝合金杆，前者价格适中，而后者强度大，质量轻，价格自然也较高。帐底有PU底和PE底，PU底面料薄，不过很轻便且防水性好。PE底相对较重且不耐折叠，折叠次数过多容易开裂，造成帐篷底部漏水。PU底加铝合金帐杆的帐篷价格在1 000元以上，PE底加玻璃钢杆的帐篷几百元就能买到。 |
| 折叠桌椅 | 如果要携带帐篷，那么折叠桌椅也是必不可少的了。有了它，在野外就可以不用老是闷在车里吃东西了。推荐选择质量较好的铝合金材料折叠桌椅，不仅使用周期长，安全性也能得到保证，推荐上专卖店购买。 |
| 睡袋 | 一般来说，“信封式睡袋”是相对舒服的，它可以像信封一样完全打开，上下宽度相同，睡起来比登山用的“木乃伊睡袋”舒服许多。价格在一百元到几百元不等。睡袋上绣有温标，前后两个数字是最冷或最热情况下使用的极限数字，您只要看中间的数字即可，它代表最舒适的温度。 |
| 炉具和炊具 | 想在郊外野餐，炉具和炊具是必不可少的。炉具有燃气炉和汽油炉两种。燃气炉烧的是辛烷气，一罐气二三十元，能连续烧4个小时，拥有可供3人吃火锅的能力。燃气炉按大小不同，价格在一百元到几百元不等。汽油炉用起来比较方便，而且从车里取点油就能烧了。炊具按照材质、产地、大小不同而价格不同，便宜的100多元，贵的好几百元。 |

## 自驾游常用药品解析

|  |  |
| --- | --- |
| 创可贴若干 | 覆盖在因意外造成的小伤口上，避免感染 |
| 激素软膏1支 | 用于治疗蚊虫叮咬 |
| 薄荷膏1盒 | 用于治疗烫伤 |
| 茶苯海明 | 用于晕车（又名乘晕宁） |
| 正露丸 | 车行距离较远时可帮助克服水土不服 |
| 消毒棉签若干 | 用来蘸药水或者压在小伤口上止血 |
| 预防类感冒药 | 用于预防感冒 |
| 治疗类感冒药 | 用于治疗感冒 |
| 眼药水1瓶 | 抗菌消炎、治疗雪盲症 |
| 冻伤膏 | 治疗冻伤 |

## 自驾游注意事项

### 计划好行程与装备

注意选择好出游的路线，准备好相应的地图，并且事先要对路线有所了解，尤其是到未开发的景点时，这些地方的道路交通、旅游设施等都暂不具备安全条件和保证。如果对道路不熟悉，发生危险的可能性很大。

### 出发前的车辆检查

出发前一定要检查车辆，以排除行车隐患。同时，合理运用行车工具对汽车问题进行一些简单的处理。

1. 检查燃油是否充足。对于在高速公路行车以及在夜间行车来说，这是至关重要的。机油的油面高度也要检查，如果油面过低则需要添加；如果油面过高，则应查明原因，最好携带一些机油以备不时之需。

2. 检查冷却液液面，若不足则需要补充，补充完后要排气，建议随车带一些冷却液。

3. 检查蓄电池电解液面高度，高出极板10~15毫米为正常，如果液面过低，则需要补充蒸馏水，并检查电解液比重是否正常。

4. 检查车灯，包括左右转、远近光、刹车、前后雾灯、仪表盘灯、地图灯、车门指示灯。车灯是汽车之间交流的语言，在夜晚行车的时候还肩负着照明的作用，直接关系到行车安全。

5. 检查制动系统，包括制动液面是否符合要求，如果不足则需要补充，还应检查前刹车片的磨损状况等。

6. 检查车轮的气压是否标准，是否出现了裂纹、老化等现象。

7. 确保发动机能够正常运行，包括发动机的运转、点火、火花塞等，在长途旅游前送到专修店请专业人士检查。

## 不同路面的行车技巧

1. 高速公路。高速公路路面良好，相对于其他路面来说是比较安全的。但是如果发生了事故，那么后果也许会更加严重，所以车速一定不要过快。值得注意的是，在没有其他情况的时候，最好不要在服务区以外的地方停车，以免造成危险。

2. 国道。跨省的国道路面状况良好，但并不是很宽，很多上下行车道之间没有硬隔离，所以国道上的超车是比较频繁的。此外，由于国道上长途卡车的来往比较多，体积大、速度快，而且疲劳驾驶的司机很多，因此遇到的时候需要特别小心。

3. 山路。山路非常考验驾驶技术和驾车习惯，频繁地刹车、过分使用离合器、挡位不合适等，都容易造成车辆故障，加大危险。

4. 夜路。长途公路的大部分路段都没有设路灯，在夜间行驶的时候，迎面行驶过来的车辆的灯光就变得非常刺眼。有的车辆的后灯亮度很低，在不注意的情况下，很容易追尾，所以尽量不要在夜间赶路。

5. 松软的沙地。在松软的沙地上行车的时候注意一定不要停车，要保持车轮匀速转动，以免陷进沙地里。此外，在沙地行驶的时候，不要突然加大油门，这样很容易使车子的某个驱动轮空转，使车子失去前进的动力。

6. 涉水。汽车涉水时，一定要保证发动机正常运转、转向和制动可靠。此外，在行驶的过程中要稳住油门，尽量避免中途停车、换挡或者急转弯，以保证汽车有足够的动力。

### 老年人出游提示

受年龄的影响，很多老年人都患有高血压、心血管病等慢性疾病，因此，在出游之前一定要和医生交流一下，看是否适合出游。此外，在出行的时候一定要携带足够的药物，并提醒老年人按时服药。老年人的体力比不上年轻人，很容易出现因为一时兴起而玩过头，导致身体过度疲劳的现象，这样非常容易生病。所以，应该为老年人安排合理的时间。此外，值得注意的是，老年人不适合长时间乘车，所以在自驾路线规划的时候，应尽量选择短途旅游，而且行程应该放宽松。

### 儿童出游提示

出门旅游对于大人来说是一件很兴奋的事，但是儿童的情绪就会变得让人难以捉摸。开朗外向的儿童会变得特别兴奋、紧张、问东问西，而性格内向的儿童则会感到害怕，这样他们就会变得更加爱耍脾气，更加难以对付。因此，出游之前，应该让儿童有心理准备，尽早向儿童告知出游一事，并用简单的语言向儿童描述出游的目的，有什么景色，会遇到什么人，这样儿童就会明白这是爸爸妈妈精心准备的活动，并会充满期待。

1. 不要让儿童坐在副驾驶的位置上，应该坐在后排，这样出现事故时，儿童的安全性要高很多。

2. 中途至少两小时停车休息一次，让儿童伸展一下身体、吃零食以及上厕所。

3. 如果儿童晕车，可以在上车前半小时喂一定剂量的防晕车药品或贴防晕车贴。

4. 可以细致、耐心地给儿童讲沿途的景致。

## 紧急事故处理

### 轮胎爆裂

若是后胎爆裂，车辆尾部就会发生摇摆，驾驶员应双手紧握方向盘，使汽车保持直线行驶。千万不要急着踩刹车，而应该反复地、间歇地踩踏制动踏板。如果爆裂的是前胎，驾驶员也要用力把握住方向盘，保持车辆直行，不要让车辆左右偏行。同时，轻踩制动踏板，以免车前部承受太大的压力，导致轮胎脱离。

### 制动失效

行车途中若发现制动失效，应首先控制好行驶方向，同时狠踩刹车，使汽车停下。若无法减速，则要迅速换入低挡，利用发动机制动减速，同时拉紧手刹。如果依然无效，就要巧妙地利用路边的自然环境或者设施等，如路边的土墩、树丛等，帮助汽车减速直到停下来。

### 前挡风玻璃破裂

如果前挡风玻璃因突发原因而导致破裂，必须减慢车速，并将汽车驶离车道。适当减速后，驾驶员最好是在将破裂的挡风玻璃完全敲下来后再继续行驶，行驶的时候注意将其他车窗关紧。

### 汽车侧滑

当出现路面附着力小、路面泥泞、突然加速、前后轮制动不均匀、轮胎气压不符合规定等情况时，均可能导致汽车侧滑。若是制动造成的侧滑，应立即停止制动，减小油门。同时，把方向盘转向侧滑的一侧。打方向盘时不能过急或持续时间过长，否则车辆可能向相反的方向滑动。如果是其他原因引起的，在侧滑时尽量不要使用制动，并使离合器保持接合状态。

### 意外失火

行车途中，若汽车突然起火，驾驶员应该立即熄火停车，切断油和电源，关闭百叶窗和点火开关，并立刻让车内人员下车。如果因为车辆碰撞而导致变形，车门无法打开时，可敲开前后挡风玻璃和车窗。当身上着火时，应该一边滚动一边脱去身上的衣服，注意保护好裸露的皮肤和头发，不要张嘴呼吸和呼喊，以免烟火灼伤上呼吸道。

### 翻车

当驾驶员感到车辆即将倾翻时，应紧紧抓住方向盘，两脚勾住踏板，使身体固定。车上乘客应迅速趴到座椅上，抓住车内的固定物使身体夹在座椅当中，并稳住身体，避免身体在车内滚动而受伤。跳车的时候千万不要顺着车辆翻滚的方向跳，而应该向相反的方向跳跃。

### 车辆落水

汽车不小心翻进水里，如果水较浅，那么等汽车稳定之后再设法离开车辆。如果水将车辆淹没，应该深吸一口气，迅速用力推开车门或者玻璃，及时游出水面。

## 常见行车误区

### 夜晚远光灯越强行驶越安全

错误。灯光的照射角度越大才越安全，而如果灯光抬得越高、越亮则会越危险。

### 常常使用大油门对发动机不好

错误。发动机在挡位上转速经常提到4 000以上不但无害，还对发动机有一定的好处，常常空挡踩油门或长时间在高转速上才对发动机不好。

### 汽车行驶时将中央门锁锁死是安全的办法

错误。这是极其危险的办法，因为汽车一旦出现事故，就会打不开车门，使得危险的几率进一步提高。

### 泊车后只拉紧手刹

错误。在路况不好的地面泊车后不仅要拉上手刹，还要挂在挡位上，这样才是防止汽车因路面不平而下滑的最好办法。

### 单向行驶时若有双道，压虚线行驶最安全

错误。这样最容易出现事故，因为前后行驶的车辆无法判断你的行驶意图。

### 高速拐弯时，一边踩离合一边踩刹车最安全

错误。不能踩离合，无论什么情况，踩离合都会增加汽车的惯性，应该将挡位放低后再踩着刹车行驶。

### 遇到其他不熟练驾驶者或违章者应通过喇叭或大灯提示他

错误。应该尽量远离他，按喇叭或者大灯提示他，只会增加他的紧张情绪。

### 拐弯或并道时只看反光镜

错误。应先扭头看一下车的后面，再看反光镜，因为有时反光镜会出现死

角。此外，转向灯打开后会使靠近自己的车辆增加提速或减速的几率，仅从反光镜不能完全判断其正确性。

### 开车时听音乐会分散驾驶者注意力

错误。好的音响设施和自己喜欢的音乐能够抑制疲劳，并能进一步调整好自己的心理状态。

### 空挡行驶省油

错误。这是没有科学依据的，而且容易造成制动失效。

### 晚上行驶时将前后的雾灯打开更安全

错误。这样更危险，因为前雾灯的白光束非常强，不仅会影响对面行驶的车辆，而且会影响自己的行车安全。只有遇到恶劣的天气时才能使用雾灯。

### 将驾驶座调整得越靠近方向盘越有安全感

错误。这纯粹是心理作用，其实越靠近方向盘越容易增加紧张的情绪。在不影响操控的情况下，驾驶座椅离方向盘越远越好，这样做的好处有以下3点：

1. 驾驶的视角更大，左右眼的余光看到的情况会更多。

2. 座椅离方向盘太近，必然就会蜷缩着腿驾驶，长时间这样很容易导致疲劳，合适的距离可以让双腿比较舒服。

3. 一旦出现紧急情况，身体与汽车操控台、方向盘之间的缓冲余地比较大，安全系数高很多。

## Spring

# 花都“欧洲小镇”
## 迷人的欧式风情

目的地：广州市花都区　　距　离：约50公里
车　程：约40分钟　　路　况：大多数为高速路，路况良好

也许你不曾知道，匿藏在花都花东镇东北一角，有一个静谧安宁的欧式小镇。小镇宛如喧嚣城市里的一个异度空间，一个梦幻的童话世界。小镇是九龙湖度假区的一部分，由数十栋欧式建筑构成，依傍着蜿蜒的河水，被山林环抱。镇上十分干净清闲，对于向往欧洲生活的朋友来说，这里是个难得的体验之处。除了迷人的风景，还可以打高尔夫、游船、烧烤、游泳、桑拿等。在闲暇时和朋友或者爱人一起享受浪漫的欧式情调，一定会留下美丽而难忘的回忆。

每到春天，小镇四处都会被五颜六色的花朵所点缀，嫣然而明丽。刚到小镇门口，便能见到高贵典雅的维多利亚式门楼，好像在安静地迎接着客人。一眼望去，掩映在树木中的屋顶令人怦然心动，那是属于欧洲的味道。沿街是风格不一却和谐有致的欧式建筑。走走停停，不知不觉间便迷失在了小镇的一砖一瓦、一花一木里……

# 路书

从市区上华南快速干线，沿路行驶24.4公里左右在与沈海高速交汇的立交桥处前行进入京珠高速，过和龙高架大桥，沿路行驶19.1公里左右，从太平/北兴/S118出口离开，右转进入S118，直行进入祥兴路，在与X281交汇处右转进入X281，沿路行驶3公里左右即可到达欧洲小镇。

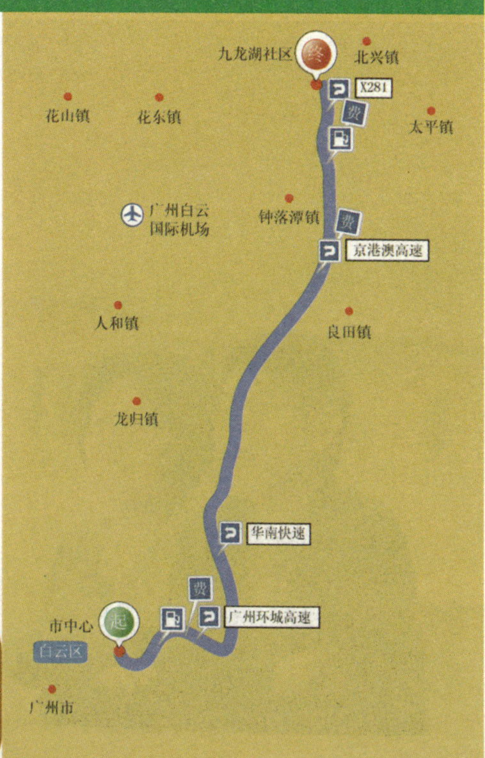


行车路线：

市区—华南快速干线—京珠高速（京港澳高速）—X281—欧洲小镇

## 特殊路况提醒

☞S118出口下高速后有多个加油站。

☞华南快速干线路限速80公里/小时，部分路段限速60公里/小时，如华南植物园段，许多司机没有注意而超速行驶。因此，行车时需要注意限速提示。

☞下高速后有两处红绿灯需要注意，分别在S118/祥兴路转弯进入X281处和X281尽头Y字路口处。

## 行程安排

☞**上午：**

广州→九龙湖度假区→逛街→用餐。

☞下午：

下午茶→游船或高尔夫→游泳或桑拿→入宿或返回广州。

## 怎么玩

### 欣赏欧式风情

小镇充满了欧式情调。街头巷角都十分整洁干净。教堂、钟楼都有自己独特的风格，沿路的街灯也是古老的样式，花坛和花篮中五彩缤纷的花朵装饰令人眼前一亮。阳台上的植物也在阳光下慵懒地伸散着茎叶。漫步其间，心情也变得舒适清畅。小镇的中心广场有点罗马式的味道，像斗牛士的赛场一样。红色的复古电话亭令人想起小说里的浪漫情节。街角的路牌也被框在了精致的边框里。小镇边上有一条较宽的小河流淌而过，颇有莱茵河的感觉。岸边立着漂亮华丽的小别墅，红墙绿树倒映在水中，既安静又美丽。拿着手中的相机，站在桥上看童话般的风景……

## 享受欧式度假生活

光看风景怎么够呢？走着走着就会累了，钻进一家低调别致的咖啡厅或者精致清新的饮品店，喝一杯下午茶。可以在露天，让春日阳光暖暖地笼罩自己，感受春风的吹拂。细细品味手中的茶水和点心，与朋友聊天，和恋人谈笑。镇上有时会有一些艺术展览，若遇上了便可以去欣赏一番。河边与九龙湖都可以划船、钓鱼，在水中欣赏这个欧洲小镇，更是别有一番风味。镇上的宴会厅、意大利餐厅、万国餐厅、美茵阁西餐厅都供应美味的西餐，夜里与心爱的人共进一顿优雅的晚餐……

## 小镇中的宫廷体验

入住小镇，也就是九龙湖公主酒店，可以得到欧洲贵族宫廷般的体验。每间客房都是一栋别致的小房子，单独成套。房间里的装饰都是欧式宫廷风格，高贵而舒适。之后可以在露天的恒温泳池里游泳，可以去洗桑拿，进行全身放松，还可以去高尔夫球场休闲娱乐。球场四周青山环绕，碧波相伴，绿草如茵。一切服务周到而贴心，当在小镇沉沉入睡时，梦里也如童话般甜美。

## 住宿推荐

小镇酒店价格昂贵，最便宜的标间都要800元一晚，当然环境与服务的优良不言而喻。电话：020-36908888。如果不打算在九龙湖内住宿的话，周围也有许多农庄和酒店，S118与X281交汇处有许多经济酒店，标间每晚在100～300元。处荔苑酒店地址：广东省广州市花都区花都大道南17号，电话：020-86799088。

### Tips

1. 小镇只允许驾车进入，徒步或者自行车是禁止入内的。

2. 进入小镇不需要门票，镇内有停车场，车位充足。

3. 为了保证小镇干净、整洁、舒适的空间感，节假日如果人多的话，车辆可能会限量放入，因此建议早一点出发。

4. 镇上没有提供小孩的娱乐设施，但不要以为这就不适合带小孩去了。恰恰相反，很多孩子都会迷上这些童话般的建筑，乐在其中。

5. 镇内消费会比较贵，如果只是欣赏欧洲建筑可以自备食物。

6. 镇上的意大利餐厅、桃源餐厅会加收服务费。

7. 划船20元半小时，游泳需要凭房卡入内。

# 逢简村
## 岭南水乡里的质朴古村

目的地：佛山市顺德区逢简村　　距　离：约55公里
车　程：约1小时　　路　况：高速路、市区路、乡间路混合

逢简村位于广东省佛山市顺德区杏坛镇北面，距佛山市区约40公里，位于西江下游的锦鲤江畔。这里自西汉起便有人居住，到清朝末年，已成为了“桑基鱼塘”的重要基地，缫丝业的发展让逢简村兴盛一时，村里人口上万，有三个缫丝市场，非常繁荣，有着“小广州”之称。如今，几千年的岁月过去了，时光仿佛被逢简村“井”字形的河网拴住，每一刻都走得沉静、缓慢。

纵横交错的水道将村落紧密缠绕，无数石桥伸展在不算宽的河面上，将村落沟通相连。小河上有着细长的小船，或是三三两两地停泊在岸边，或是载着三五人在水面静静游走。水道两边都有石块筑成的护堤，石堤内是高大繁茂的榕树，在路边、水上洒下一片片清凉。河堤没隔多远便开有倒梯形的口，由青石板拾阶而上，蜿蜒通向岸边的红砖小屋，以及那些有着数百年历史的古祠堂。逢简村宁静淳朴又不失雅致清韵，无怪乎人们常说，广东也有周庄。

## 路书

从广州出发，经广佛新干线立交进入佛山一环高速。行驶20.9公里，朝南国路/伦教/三乐路/北滘方向，稍向左转进入佛山一环南延线。行驶约12.8公里后左转进入Y530道进入佛山市，在北河中桥右转，沿桑麻村大道、中心大街行驶，右转进入逢简大道。行驶740米后左前方转弯，前行130米左右便可抵达逢简村。

行车路线：

广州—佛山一环高速公路—佛山一环南延线—Y530（进入佛山市）—逢简大道—逢简村

### 特殊路况提醒

从广州市内到逢简村全程大部分为高速路和市区交通大道，在广州市内和广佛市内可能会有点堵车，建议提早出行。广佛市区到逢简村的逢简大道为双行单车道，路面并不是十分平整，注意放低车速，避让行人。

高速路上只有从广州市上高速的广佛路口处有一个收费站，上高速之后有11个红绿灯和7个摄像头，应注意车速。

路上只有1个加油站，在广佛路口往前行驶3公里处，且没有服务区，所以要注意提前准备充足的汽油。

### 行程安排

**上午：**

广州→逢简村→逛古村→瑞昌楼午餐。

广州城区到逢简村很近，只有约 1 个小时的车程。到达后离午饭时间尚早，可以先在村里逛一逛，看看古祠堂，然后回到村口的瑞昌楼吃午饭。

☞下午：

乘船游河→游览村落→石桥→回广州。

午饭之后，可以步行到河边，沿河散步或者租一辆小船游河，千万不要忘记河上的一座座石桥，虽然其貌不扬，却都有着自己的历史。

## 怎么玩

### 》逛村落（村庄、祠堂）

逢简村虽小，却是人杰地灵，自古出了不少的举人进士，一户人家出了8个秀才、3个翰林的故事更是在村里广为流传。据记载，这个只有5平方公里多的小村落曾经有着78间祠堂和32间庙宇。如今，除了祠堂还保留着原始古风外，其他建筑都变成了现代的红砖瓦房，半藏在繁盛的黄皮果、龙眼、莲雾、芒果等果树下。

村里颇具规模且保存较完整的祠堂不多，刘氏祖祠和梁氏祖祠是最有影响的两个。刘氏祖祠始建于明朝永乐年间，青砖灰瓦的建筑历史比顺德设县还早。祠堂分为首座、中堂与后座，地势从低到高，寓意代代高升。祠堂内漆黑题字的柱子、雕花镂空的褚红色大门、朱红色的雕栏无一不在诉说着远去的历史。建筑时间较晚的梁氏祖祠是逢简村保存最完好的祠堂。梁氏祖祠建于清光绪年间，建筑结构精细，灰雕工艺卓越，一砖一瓦都还是最初的样子。但祠堂常年紧闭，外人难以入内。祠堂前地势开阔，左右各有一座石桥将其与对岸相连，岸边的金桂长势颇好，经春雨洗刷后，繁枝茂叶清爽宜人。

## 游船

逢简村是典型的岭南水乡。明末清初之时，桑基鱼塘在珠江三角洲盛行。逢简村也顺着西江河流的脉络开掘出一条条纵横交错的水道，形成一个个“井”字。在逢简村，乘船游河是必不可少的游览项目。逢简村的船类似于端午时比赛用的龙舟，细长、深窄、有2～3对桨，平时一人便可操作。河边树木繁盛，古榕树、各类果树在河上洒下一片片清凉，微风带着青草甘露的湿润清香，阳光恰到好处地驱散了春天的薄寒，或是举起相机捕捉两岸的流景，或是半躺着眯眼小憩，都是不错的享受。

## 看桥

桥是逢简村必不可少的风景，每一座桥都有自己的历史和故事。逢简村现有石桥30多座，形式多样，结构迥异，石拱桥、水泥拱桥、钢板桥、木板桥、一字桥、曲尺桥、三叉桥等，有的历史悠久，有的沉稳大气，有的工艺精美，见证了水乡丝市曾经的繁华。其中，以建于宋朝的明远桥、巨济桥，以及建于清朝的金鳌桥最为有名。

村里的明远桥是我国有史记载最早的三孔石桥之一，桥身原本全是用红砂岩所筑，赭红色依稀可辨。桥两头的石柱上雕有石狮镇桥，两侧桥栏的石板上刻有各种图案，至今仍依稀可见。巨济桥是典型的梁式三孔石拱桥，全部以花岗岩石构筑，因为民国时期翻修过一次，所以雕刻装饰都比较清晰。金鳌桥是康熙年间所建，为单拱红砂岩石桥，取名自紫禁城的“金鳌玉栋”桥，颇有古趣。

## 住宿推荐

因为逢简村旅游区并没有大量开发，所以没有住宿，但可以到顺德市住宿。顺德至逢简村，自驾大约需要30分钟的时间。

城市客栈佛山顺德清晖店：位于顺德大良华盖路步行街中心，毗邻清晖园，房间很干净，价格单间每晚124元起。

7大连锁酒店佛山顺德大良清晖园店：位于顺德大良镇环城路49号，交通方便。标间价格每晚128元起。

### Tips

1. 节假日游客较多，这时瑞昌楼就只接待团队游客，人数少了则不会接待。如果只有两三人，可以去村里的小饭馆用餐。

2. 逢简村家乡扣肉、煎焗鱼嘴、生炒骨、瑞昌牡丹肚等美食等都很有特色，不可错过。

3. 乘坐小艇游河价格一般是60元/艘，可坐5～6人，可以砍价，最低可以砍至30元。

4. 逢简村自清代流传下来传统编织的大良鱼灯，是不错的纪念品。

# 百万葵园
## 在似锦的花海中沉醉

目的地：广州市南沙区百万葵园　　距　离：约 84 公里
车　程：约 1 小时 20 分钟　　路　况：为市区道路和快速路，路况较好

---

百万葵园位于广州市南沙区万顷沙镇，占地很广，约26万公顷，这里种植着数不清的花草。不论品种，不论花期，不论时节，这里的花儿都展现出“你方唱罢我登场”的热情和气势，争先恐后地把这里装扮成一片花海，让这里一年四季都繁花似锦。此外，还有那惹人喜爱的小松鼠，拥有吉祥寓意的锦鲤鱼，象征和平团结的白鸽……都让人流连忘返。

春天正是百花盛开的时节，徜徉在这一片又一片的花海里，闻着花香，感受眼前那些五颜六色带来的视觉冲击，实在让人陶醉。这时，有谁不愿意走进这些小可爱的美梦中？有谁不愿意去与那些竞相绽放的花儿一起释放热情呢？

## 路书

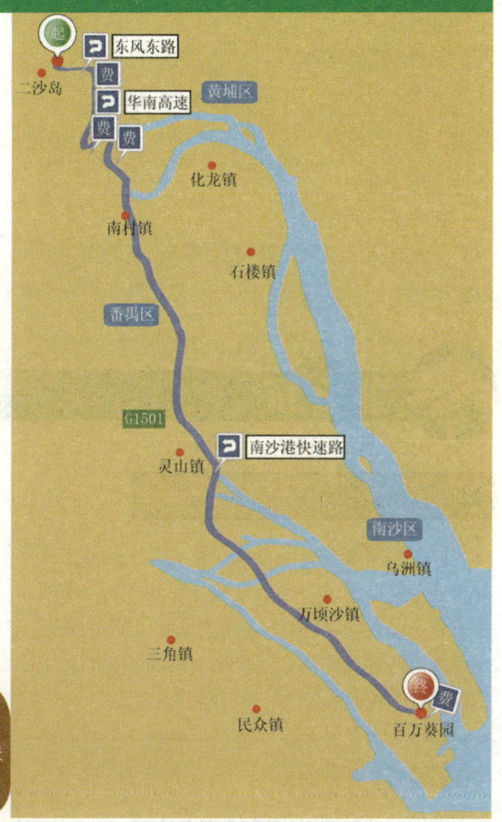


从广州东风东路出发，朝黄埔大道/珠江新城/华南快速方向。直行进入黄埔大道西，再朝番禺/顺德/中山/珠海方向，从入口进入华南快速。在土华立交桥朝广州大学城/S81/S105/生物岛方向，进入土华立交桥，再进入广州环城高速。在仑头立交桥朝南沙港快速/珠海/中山/深圳方向，从入口进入南沙港快速，再经万环西路，县道X298到达百万葵园。

行车路线：

广州东风东路—华南快速—南沙港快速路—百万葵园

### 特殊路况提醒

☞从广州到百万葵园，一路上基本都是市区公路、高速公路和县道，路况很好。沿途有4个收费站：华南快速路上有2个，南沙港快速路上有2个。一共有5处红绿灯和3个摄像头，行驶的时候要注意车速，虽然路况可以让车速很快，但最好不要随意超车或者行驶过快。

☞路上没有加油站和服务区，所以要去玩儿的车友们要提前给车加好油，休息好，把精神养足。

☞经过南沙港快速路后，就要进入不是特别宽敞的县道，弯道比较多，开车的时候需要谨慎驾驶。

## 行程安排

**上午：**

广州→百万葵园。

一般上午出发，到达葵园都将近中午，葵园里面没有午餐提供，建议可以在吃过午饭了再进去。

**下午：**

逛葵园→回广州。

葵园有很多景区：神秘玫瑰园、锦鲤池、白鸽广场、七彩花田……进入葵园内有指示牌，可以根据自己的爱好，选择自己喜欢的景区逛。

# 怎么玩

## 流连在花海中

百万葵园拥有很多奇花异草，其中向着太阳生长的希望之花——向日葵，采用的是全进口种子，整个基地是观赏性向日葵的乐园。神秘玫瑰园的玫瑰更是技高一筹，挂在高高的树上俯视群雄，独特的欧洲品种彰显出它的独特与不凡。薰衣草花田一直以来便是很多少女心中神往的地方，一大片一大片的紫，将整个葵园衬得更为优雅和神秘。更有那七彩花田，色彩缤纷，属于真正意义上的花花世界，黄色、白色、红色、金色、紫色、绿色、橙色，各色花儿争相斗艳，向来来往往的游客争宠献媚。

## 与身在花丛中的动物打招呼

不要以为葵园只有花花草草，也不要认为葵园只有向日葵，葵园的宝贝可多着呢！可爱的松鼠，摇摇摆摆的鸭子，憨厚惹人爱的小猪，象征吉祥富裕的锦鲤，还有那幸福和平的白衣天使——小白鸽……都被一一请来葵园，让你在一片花丛中痴迷的时候还盼着与这些小东西兴致勃勃地见面。

## 享受做模特的感觉，留住快乐

在这样一个美丽的花花世界，任何一位到此游玩的客人都不会错过这难得的拍照留影的机会。这里不仅可以为众多游客提供留住美丽和欢乐的机会，还可以为一对对新人留住感动和幸福。在这里几乎到处都是背着相机、捕捉美丽镜头的摄影爱好者，也有新娘新郎在此拍婚纱照，开始人生的幸福之旅。

## 动漫与风车

葵园中不时会举行动漫展，如果你是一位动漫爱好者，那就千万不能错过了。在葵园的动漫港里，不仅会展出漂亮精致的动漫模型，还有不少同样热爱动漫的朋友在cosplay（扮演动漫中的角色）。此外，还有一座座高大而充满欧洲风情的风车，让你仿佛置身于荷兰阿姆斯特丹。

## 住宿推荐

葵园周边有许多酒店，价格为150~400元。南沙临海酒店环境优雅，标间218元，地址：万顷沙镇龙穴岛海港大道1号，电话：020-22886668。

新垦宾馆便捷舒适，标间180元，地址：广州市南沙区万顷沙镇新垦大道89号，电话：020-84523888/020-84523777。

### Tips

1. 公园里大多是土路，所以女士穿平底鞋会比穿高跟鞋更方便、舒适。

2. 公园里的花花草草很多，为维护美丽的环境，不要摘花草，也不要乱扔垃圾。

3. 百万葵园外面的葵园饭店价格比较贵，一只葵花鸡是270元，但可以选择半只。

4. 百万葵园的门票一般为95元，但是儿童、现役军人、老人凭相关证件，以及怀孕3个月以上的准妈妈，都可以享受一定的折扣。一般人士如果选择在网上购买门票，也可以享受到一定的折扣。

# 大夫山森林公园
## 番禺的氧吧

目的地：广州市番禺区大夫山　　距　离：约33公里
车　程：约1小时　　路　况：城区道路和高速路，路况良好

大夫山森林公园位于广州市番禺区市桥以西3公里处。大夫山原名大乌岗，后人为了纪念西汉初年为中国南北统一作出了重要贡献的重臣陆贾大夫而改名大夫山。大夫山森林公园有“番禺的氧吧”之称，园内植被茂盛，森林遍布，群山叠翠，连绵不绝。园内的湖泊主要是人工湖，这些湖泊匠心独运，将湖光山色和亭台楼阁精妙地连为一体。春季时，其间繁花似锦，多种棕榈科植物营造的风情让人就像进入了世外桃源一样，使人陶醉，让人忘返。

择一个周末，携妻带儿在大夫山尽情享受一下山水的乐趣。钓钓鱼，陶冶一下情操；烤烤烧烤，犒劳一下肚皮；放放风筝，回味一下童真……原来生活，也可以这般美好。

## 路书

从广州出发，上宝岗大道，直行右转进入昌岗中路，过昌岗立交桥后进入昌岗西路。然后经鹤洞大桥、鹤洞立交桥后进入芳村大道南。沿芳村大道南前行，直行进入东沙大道，然后再沿东沙大道进入东新高速公路，过东沙桥。继续行驶经工业二路进入禺山西路。再经过大板工业区二街、东桥大街、宁枋大街后抵达大夫山森林公园。

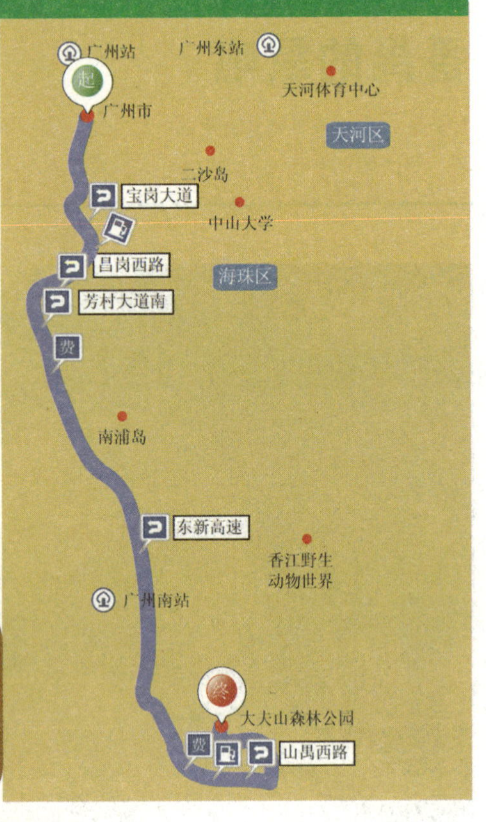


行车路线：

广州—宝岗大道—昌岗西路—芳村大道南—东新高速公路—禺山西路—大夫山森林公园

### 特殊路况提醒

全程有两处加油站，一处在宝岗大道，一处在禺山西路。沿途没有服务区，虽然车程只有1小时左右，但还是建议驾车前休息好。

全程有21个红绿灯和2个摄像头。摄像头分别位于宝岗大道前的解放南路和中山五路。

大夫山森林公园经常会举行自行车比赛，有时候可能会封路，所以去之前一定要打听好。最好从北门进去，走南门会绕路。

### 行程安排

**上午：**

广州市→大夫山森林公园→垂钓和烧烤。

烧烤架可以在园内租，烧烤的食物和调料最好自备。

☞下午：

儿童乐园→放风筝→聚秀湖→回广州。

如果没有带小孩，可以不用去儿童乐园和风筝场，就租辆单车骑行大夫山。

## 怎么玩

### 单骑探密林

在景色宜人、空气清新的大夫山森林公园，最为人称道的就是单车骑行了。公园内外都有租车的地方，但是建议在公园外租车，因为公园内不仅租车单价更贵，还会收取押金200元，而园外单价更便宜，且只要押着证件就可以了。骑着单车或者家用自行车前行，和朋友聊着天，赏着湖光山色，听着鸟叫虫鸣，闻着春天的花香草味，那绝对是周末最愉悦的事儿。

### 放飞风筝，放飞美好愿景

风筝场设在山顶，可容纳数百名群众同时进行，是番禺区极负盛名的风筝放飞地。风筝场种植着碧绿碧绿的草，踏上去软绵绵的，花二十来块钱买个风筝，

牵着线可以随意在上面奔跑，不用担心摔伤。浏览风景的人群可以三三两两地坐在或者躺在草坪上谈天说地，嬉笑打闹。风筝场还种植了一行有条理的风景树，因此也成为市民和游客休闲、娱乐的好去处。

## 垂钓，感悟另一番心情和闲适

钓鱼场也是在公园的南区，分为A，B，C，D 4个场地，A，B为白鲫塘，C为非洲鲫鱼塘，D为杂鱼塘。钓鱼场收费10元/小时，租鱼竿收100元押金，10元租金。钓鱼场内另设有钓虾场一个，钓虾收费15元/小时。钓鱼场和钓虾场有包场服务，免费提供电磁炉和电烤炉为客人烤鱼、烤虾所用。吃着自己亲手所钓的鱼，吃着自己亲手所烤的虾，那滋味别提有多美！而想要拥有这么美的享受，你需要做的就是赶紧来渔场，执一根竿，抛出鱼饵，耐心地等待就够了。

## 烧烤美食，谈笑欢聚

景观烧烤场在大夫山森林公园南区山上，自己动手，丰衣足食。烧烤是一门技术活，其关键就在于火候，火候控制得好，自然就有美味出炉。准备就绪，就可以开始了。将烧烤炉放在平整的位置，注意烤炉中的碳要放在下风口，人要站在上风口，否则就不是烤食物，而是变成烤人了。

## 住宿推荐

广州凯胜商务酒店：位于番禺区钟村镇钟屏岔道16号，紧邻大夫山森林公园，服务不错，交通也很方便，单人间每晚121元起，双人间每晚155元起。

广州番禺胜龙酒店：位于番禺区钟村镇钟屏岔道19号，紧邻大夫山森林公园，地理位置不错，环境也很优雅，双人间每晚157元起。

### Tips

1. 大夫山森林公园不收门票，但是租赁单车、烧烤器具等要收费。

2. 单车：可讲价，非节假日或下午5点后：一般是5~8元任玩；周六、周日：单人单车5~25元/天；双人单车，子母单车，三人单车15~30元/天；法定节日：单人单车15~30元/天。

3. 烧烤架：单人炉，非节假日100元，节假日120元，押金200元/个，双人炉各项价格是单人炉的两倍。所以要去烧烤的朋友请带够钱。

4. 大夫山钓鱼场里有丰富的水产品，如鳕鱼、青蟹、鲥鱼、河豚、鳎沙、金丝鱼等，有机会可以尝一尝。

5. 春季时分公园会举行樱花文化节，有很多有趣的节目等着你。但此时需要门票40元左右。

# 七星岩

## 春日里的山水画廊

目的地：肇庆市七星岩　　距　离：约97公里

车　程：约2小时　　路　况：大多为高速公路，路况良好

七星岩风景区位于肇庆市往北约2公里的地方。七星岩由“五湖、六岗、七岩、八洞”组成，从高空俯瞰，由长堤隔开的数座碧湖水波荡漾，湖中巨岩、岛屿耸立，岛上群芳争艳，仿佛一幅瑰丽的山水画卷。所以，七星岩风景区又有“人间仙境”“岭南第一奇观”之称。

七星岩风景区总面积8.23平方公里，一条长约20公里的湖堤把面积约6.3平方公里的湖面切割成了5份，分别是仙女湖、中心湖、波海湖、青莲湖和里湖，阆风岩、玉屏岩、石室岩、天柱岩、蟾蜍岩、仙掌岩、阿坡岩七座喀斯特溶岩地貌的岩峰分布湖中，组成一幅绰约多姿的美景。在风和日丽的春日午后，或漫步长堤，在堤上亭中休憩；或徒步桃花岛，迷醉在漫天的桃红柳绿之中；或深入溶洞，发现自然之手的神奇；或亲临摩崖石刻，体味各朝名家的墨宝……无论如何，都是一种不错的体验。

## 路书

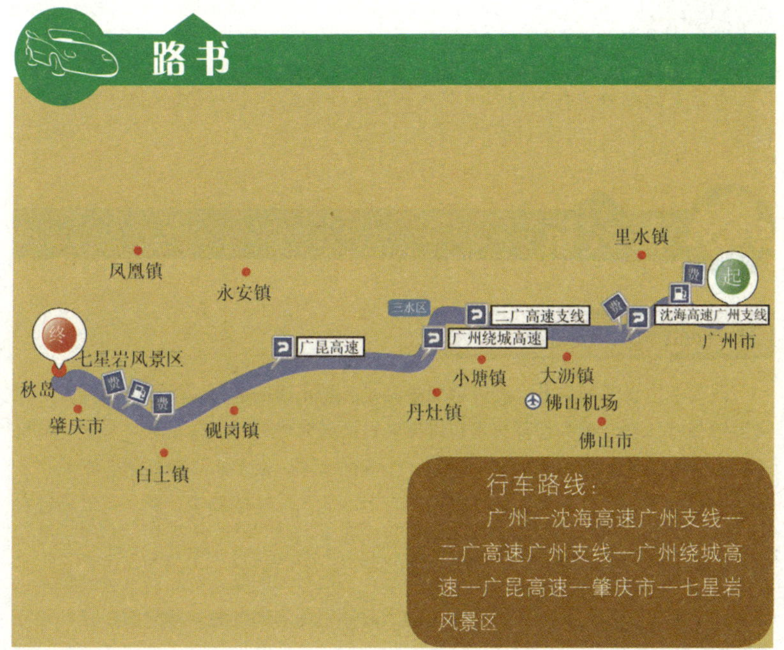


从广州出发，出城后上沈海高速广州支线，行驶7.2公里朝三水/肇庆/S55方向右转上匝道，沿匝道行驶730米上二广高速广州支线。之后经广州绕城高速至广昆高速，到了广昆高速后前行6.6公里，从肇庆东/高要东/S272出口上匝道，之后直行过肇庆大桥后上宾日路，左转上星湖大道。沿星湖大道行驶1.3公里即可到达。

### 特殊路况提醒

☞在沈海高速广州支线和二广高速广州支线上分别有一处服务区，在沈海高速广州支线和肇庆大桥前分别有一处加油站。

☞全程有17处红绿灯和8处摄像头。虽然广州至肇庆基本都是高速路，路况很好，但是一路上流动测速的很多，请注意车速。

### 行程安排

☞**上午：**

广州→七星岩风景区→游湖，逛岩峰、岩洞。

有些岩洞是旱洞，如碧霞洞，可以步行；有些岩洞是水洞，如龙岩洞，必须乘船游。碧霞洞是七星岩最长最美的旱洞，一定不能错过。

☞下午：

游桃花岛→摩崖石刻→回广州。

七星岩四季景色各不相同，春季建议游桃花岛，桃花开成了海，入目一片粉色。

## 怎么玩

### 乘船游湖、喂金鱼

因为七星岩湖泊众多，所以乘船游湖是一种不错的选择，既可以避开人群，又可以节省体力。船头划开碧水，慢慢驶过两旁青峰岛屿，真是非常享受。最推荐乘船游的是仙女湖，因为仙女湖有一个湿地公园，众多水鸟植被只有乘船，才能更好地欣赏。可以上船的地方很多，可以在北门广场的码头上船，可以在仙女湖门口的码头上船，还可以在西门的禅林码头上船。

七星岩的一顷碧水之中，生活着大量鲜艳而可爱的生灵，它们就是鲤鱼了。辽阔的水域，丰富的食物和几乎为零的天敌让七星岩的鲤鱼大量繁殖，尤其是在观鱼亭，时常都能看到一群一群的鲤鱼如洪流一般，肥硕的身子拥挤在一起，把一大片湖面都染成了金红色。如果有兴趣，还可以购买鱼饲料喂鱼。鱼饲料的价格是5元一包。

### 爬岩峰，逛岩洞

岩峰是七星岩最大的特色。岩峰一共有7座，各自矗立在碧波之中。最高的是天柱岩，有113米，上山的路很陡峭，很多地方只允许一人通过。大约15分钟

就可以爬到山顶。从山顶的摘星亭往下望去，只见山湖相依，一片葱茏。如果想要烧香拜佛，可以去玉屏岩。玉屏岩高99米，一路上有一线天等景观，到了山上可以看到三清观、玉皇殿。

岩洞则是七星岩的另一个特色，岩洞内怪石横生，钟乳倒挂，别有一番奇特的景象。七星岩的岩洞中，碧霞洞和龙岩洞最为著名。碧霞洞是旱洞，可步行参观，岩洞长约180米，洞内钟乳千姿百态。龙岩洞则是水洞，需要乘船才能参观，钟乳石从洞顶、洞侧或倒挂，或伸出，似人似物，惟妙惟肖。

## 骑行星湖绿道

骑行是除步行、船游外的另一种游览方式。可以先在牌坊广场附近租一辆自行车，沿着星湖绿道骑行。星湖绿道宽4~6米，将七星岩的数个精华景点联系在了一起，绿道两旁林木簇拥，繁花葱茏。最好的骑行时间是在春季的早晨，七星岩的湖面上水雾缭绕，仿佛置身蓬莱仙境一般。

骑行线路有3条。

中线线路：牌坊广场→星湖中心堤绿道→水月堤绿道→七星岩中心区域。

西线线路：牌坊广场→星湖西堤绿道→伴月湖公园→波海公园→广东绿道→号线起点广场→北门广场。

东线线路：牌坊广场→牌坊公园→星湖湾公园→七星岩东门广场→星湖国家湿地公园→七星岩北门广场。

### 桃花岛赏桃花

春天游七星岩，除了湖光山色外，桃花岛的桃花是不能错过的。每到春天，岛上600多株桃花和数十株梨花竞相开放，一片粉色的花海中点缀着点点雪白。孩子们在花间追逐嬉戏，情人们在花间浓情蜜意，老人们则在花间赏花聊天。如果不把这些美景记录进相机，就太可惜了。

## 住宿推荐

锦江之星肇庆七星岩牌坊店：该店位于天宁北路，距离七星岩牌坊广场3分钟路程，交通也很方便，标间每晚144元起。

肇庆新松涛宾馆：位于七星岩风景区内，距离七星岩西门仅100米，周边环境不错，前台服务也很周到，标间每晚110元起。

肇庆南粤苑度假中心：紧邻七星岩风景区，距离七星岩西门150米，店内环境不错，性价比很高，标间每晚126元起。

### Tips

1. 七星岩风景区门票60元，学生票35元。电瓶车分为4段，单独搭乘每段10元，搭乘两段为15元，全程搭乘则为25元。旱洞门票5元，水洞门票10元。乘船游湖每人15元。此外，景区内有铁索桥，过桥需缴纳2元。

2. 最好是从西门进入游览，很多精华景点都集中在西门附近，而其他几个门的景点则相对较少。

3. 不要以为下雨天就不能游玩，七星岩多湖多山，而广东的气候特点导致下雨的时候，七星岩的湖面上就会起一层薄雾。在亭中听雨赏雾，绝对是一种浪漫的享受。

# 王子山
## 清新的世外桃源

目的地：广州市花都王子山　　距　离：约65公里

车　程：约1小时25分　　路　况：大多为高速，乡村多是柏油路

王子山位于广州市花都区北部，王子山森林公园以北，距离广州市区65公里。这座花都区第二高峰海拔572米，有着极好的空气质量和秀丽的山色。据评测，王子山一带每立方厘米负离子含量高达6 400个，高于平时居住的城区10~20倍。周末来到这样一个风景秀丽的“世外桃源”，放松心情的同时更是有益于身体健康。

走在山路上，会感觉自己已经回归到大自然纯净的怀抱中，处处都呈现出一种宁静而祥和的美。脚下的溪流清澈见底，在石头上拍打出细碎的浪花；山鸟啼鸣，树影婆娑，时而蜿蜒时而笔直的山路似乎想让人永远这么宁静悠闲地走下去……或三四个朋友结伴而行，或恋人相携，或家人同行，一同在王子山的俊丽清幽中呼吸最舒畅自然的味道。

## 路书

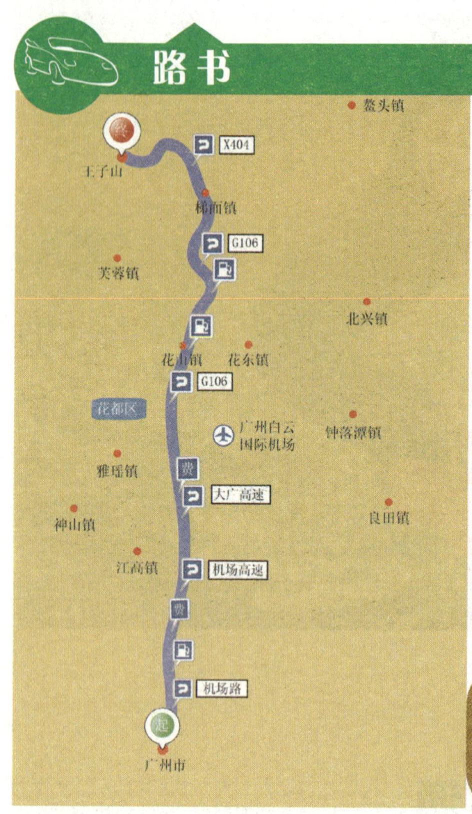


从广州市出发，经机场立交后上机场高速，前行约16.5公里后进入大广高速。继续行驶约14公里从花东/S118出口离开，进入G106并沿路行驶约14公里，从花都口下到达梯面镇。之后从镇上三岔路口进入X404，沿路行驶约8.5公里后左转入Y776，继续行驶约3公里便到达王子山。

行车路线：

广州市—机场高速—大广高速—G106—X404—王子山

### 特殊路况提醒

☞王子山山脚的道路虽然是水泥路，但是有些地方较陡，需要小心行驶，特别是雨天路滑时。

☞在红山村有停车场，但是有时候车会停满。路边也较为拥堵，可以继续前行到横坑村，人较少也方便停车。

☞尽量不要经过花都市区，花都的路面窄且拥挤，多处限速20公里，会极大地延长驾车时间。

## 行程安排

**上午：**

广州→王子山→山脚农家乐。

如果不想在山脚的农家乐吃饭，也可以直接上山，山上也有农家乐。

**下午：**

爬山戏水→回广州。

山内负离子含量高，所以多爬山，对身体有益处。

# 怎么玩

## 欣赏沿途风光，品山下农家饭

上午9点左右出发，大约10点半就能到达王子山，路途中会看到成片的油菜花，十分美丽，尽可能多拍些照片。在山脚驻足游览片刻便到了午饭时间，可以

到附近的农庄里吃农家菜。村里的农家都十分热情。现杀的走地鸡、自家准备的艾糍、新鲜的果蔬等都让人一饱口福。开饭前，还可以一起去周围看油菜花，春光明媚的日子里，金灿灿的田野也越发美丽。

## 山路漫步，静享自然

王子山清幽美丽，有着许多动人的传说。有人说它是东海龙王之子为爱情的化身，也有人说它是带领军队为民抗洪的王子的化身，这些古老的传说为王子山平添了一份神秘感。山中小径旁总有溪涧淙淙，干脆脱了鞋袜坐在石头上嬉笑玩水，享受山风习习。穿梭在树林里捉迷藏，在山亭里聊天歇息，在灌木丛中寻找蘑菇，在路边闻闻花香，听听鸟语，在山顶览望众山……用一个下午的时间慢慢爬山，慢慢淡化那一周积累的浮躁。

## 路边赏花、摘草莓

春暖花开，在路边时常能见到成片的花朵，十分俏皮美丽。王子山附近在来回的路途中都会顺路经过草莓田，有兴趣的话便可以去摘采，一般是5元1公斤。春日里在草莓田里搜寻着鲜红可口的红果，任谁都会忍不住尝上几个。当吃得饱饱，手里的篮子也装满了红艳艳的草莓，便可以在夕阳中满载而归。

# 住宿推荐

山上有个王子山庄和味香农家山庄，环境都不错。山脚也有几家山庄饭店，单间每晚30~120元，干净舒适。这些山庄都有本地鸡、山水豆腐等供应，味道不错。

### Tips

1. 王子山的农庄住宿价格不一，越是偏僻就越便宜，如果预算有限，不妨寻一处比较偏僻的农庄住宿。

2. 摘草莓的时候可以边摘边吃，因为这些草莓都是没有农药的，满口都是大自然最本真的味道。

3. 王子山门票20元。

4. 山上、山下气温温差较大，如果要过夜，就要带好御寒的衣物。登山一般2~3小时，需自备些干粮。

# 增城骑行绿道
## 行进在春天的美好里

目的地：增城市荔城增城绿道　　距　离：约 70 公里
车　程：约 1 小时 30 分　　路　况：高速公路，路况很好

广义的增城绿道，其实是三大线路：自驾车绿道、骑行休闲绿道以及增江水上画廊。但车友们通常说的增城绿道往往是自行车骑行休闲绿道。是的，您没看错，笔者也没写错，广州车友们周末自驾出游，更多的不是选择自驾车绿道，反倒是骑行绿道！他们往往自驾车抵达骑行绿道，然后再租自行车骑行，这样既可以达到健身之效，也可以增进家人、朋友之间的感情。

增城骑行绿道全长250公里，从市区蜿蜒到增城北郊白水寨风景区、湖心岛景区，沿途囊括了鹤之洲、增江画廊、湖心岛、小楼人家、白水寨等充满乡野情趣的美丽地方。

整条增城骑行绿道又分为4段。南段为荔城街路段，沿途可以欣赏增江秀色。中段为小楼镇路段，以水泥路面为主，部分地方铺设青砖，以田园风光取胜。北段为派潭镇段，在很多人眼里这是最漂亮的一段。东段则为增江街段，沿途一些房子很有欧式风情。笔者建议重点游玩中段，因为沿途风景集中。

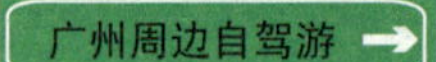


## 路书

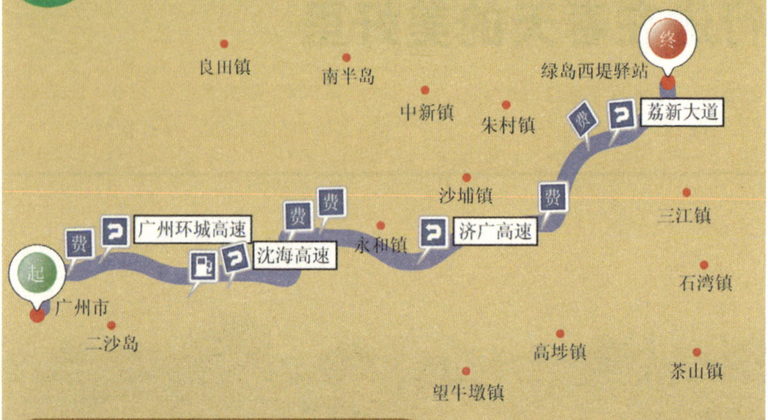

行车路线：

广州市区—广州环城高速—沈海高速—济广高速—荔新大道—西堤驿站（荔城街第二中学斜对面）

从广州出发，进入广州环城高速公路行驶14.1公里，右转进入沈海高速。沿沈海高速行驶约13.57公里进入广州绕城高速，沿广州绕城高速行驶约3公里，进入济广高速。

沿济广高速行驶25.6公里，从仙村/沙埔/S119出口离开上匝道，沿匝道行驶1.0公里，右转弯进入环岛，在第二个出口直行进入荔新大道，抵达终点。

## 特殊路况提醒

沿途有15个红绿灯和22个摄像头，请车主朋友们遵守交通法规。

在沈海高速上有广氮服务区，可以加油和休息，此后就没有服务区和加油站了。

在西堤驿站和小楼镇都有停车场，车主朋友可以停车，然后租自行车骑游。

## 行程安排

**上午：**

广州→增城荔城西堤驿站→停车后租自行车→午餐。

从早上8点出发，到绿道西堤驿站差不多9点半了，可以将汽车停在驿站的停车场。租用自行车后可沿增江西岸骑行，微微江风拂面，骑行穿越荔林，倾听鸟叫虫鸣。到达小楼镇驿站后，在附近吃河鲜美餐。

☞下午：

小楼镇→何仙姑景区→何仙岛露营。

何仙姑岛为未开发的荒岛，岛上有竹林、荔枝林、野鸟。晚上可以在岛上露营钓鱼，一定要注意环保，别留下垃圾。

## 怎么玩

### 骑行，满目野花迷人眼

在骑行线路上，设置有两个自行车驿站。在荔城街租的自行车可以在小楼镇江坳服务区返还，在这里租的车还可以在荔城街返还，非常方便。此外，租赁站内还有小卖部、休息长廊、洗手冲凉间、凉亭、停车场等。

### 小楼人家，六大休闲体验

骑行到小楼镇的时候，不妨停留下来，因为这里有六大主题园区，非常值得体验。关于小楼名字的来源，也有一个很诙谐的故事。据说很早以前，当地还没有地名，一位老人临终前给子女交代遗嘱：家中房子小漏，要注意修缮。从那以后，人们就谐音把当地叫作小楼村，现在发展为小楼镇。

小楼人家是一个景区，有六大主题园区。始祖鲜荔园以荔枝为主题。八仙湖湖水荡漾，还有栈道。报德祠是一座古建筑，融合了道、佛、儒三教文化。农庄美食休闲中心可以容纳1 000人同时用餐，可以尝到当地各种田园美食。万亩园则是一农耕体验基地，你可以在这里当半日农夫。而东西境古街已经有800年历史了，似乎每一扇门窗都流露出岭南古文化的韵味。

### 访何仙姑家庙，听八仙过海的传说

在小楼镇，当地民间流行何仙姑崇拜，可以听到很多关于何仙姑的传说。在小楼镇有何仙姑景区，以何仙姑家庙为核心。此外，还有遗履仙井、仙桃、盘龙古藤、何仙姑宝塔。当地还有一些不大不小的谜，如生长在缺土少壤的瓦背屋脊上的桃树为何枝繁叶茂？没有根的千年古藤为何久盛不衰？

笔者建议不要在何仙姑景区逗留太久，1个小时左右比较合适，因为如果当夜想露营在何仙姑岛，那么天黑之前就要乘船赶过去。

## 露营何仙姑岛，听虫鸣鸟叫

何仙姑岛是增江内的一座小岛，就在小楼镇的何仙姑家庙附近。何仙姑岛上有原始杂木林、竹林以及人工荔枝林，各种鸟类在这里栖息，当地村民放养的牛羊悠闲地啃着青草。白天在岛屿上可以欣赏自然风光，如果有兴趣还可以露营，夜听鸟叫虫鸣，非常有诗意。如果装备带得齐全，还可以烧烤、钓鱼，举行篝火晚会。对了，岛上没有井水和自来水，如果露营就需要自带桶装水。如果不介意的话，也可以使用河水，水质并不差。

## 白水寨，瑰丽的翡翠

白水寨并不位于中段，但由于这里太美了，所以笔者饶舌几句，供时间充裕的朋友参考。白水寨位于派潭镇，一些旅游杂志用“北回归线上的瑰丽翡翠”来赞美它。白水寨面积大约170平方公里，其间可谓处处美景。白水仙瀑布婀娜多姿，当地人说是何仙姑的化身；有着9999级阶梯的亲水栈道，全部由海船木修建，被称为天南第一梯。而在奇趣水谷内，可以感受戏玩山水的野趣，观赏惟妙惟肖的奇趣彩绘。此外，当地的森林公园可谓天然氧吧，行走其间，仿佛每个毛孔都被打开了……

# 住宿推荐

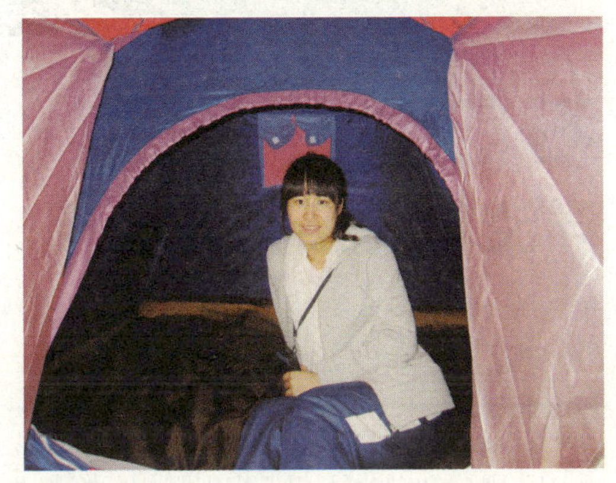

在小楼镇，可以入住当地的小楼度假酒店。酒店依山而建，山上是森林公园，旁边则是休闲公园，住宿环境非常清幽。标间价格一般每晚200元左右，淡季、旺季会有所差别。如果要住在增城市区，可以选择的酒店就很多。增城宾馆位于广州市增城大道8号，标间每晚300元左右，电话：020-82619888；华侨宾馆位于增城荔城街夏街大道119号，电话：020-82643888，标间价格在170元左右。

### Tips

1. 增城绿道不收门票，只收停车费与自行车租金。单人自行车：5元/小时，一天20元，押金100元；双人自行车：10元/小时，一天30元，押金200元；三人自行车：15元/小时，押金300元。

2. 在小楼镇的码头上，可以乘渡船，价格每人1元；如果要独自租船，可以和船主谈价格。

3. 可在小楼镇自行车驿站免费领取绿道地图，作为骑行参考。

# 石门森林公园
## 洋溢着油菜花的芬芳

目的地：从化市石门森林公园　　距　离：约86公里
车　程：约1小时30分钟　　路　况：路况良好，公园内有盘山公路

石门国家森林公园位于广东省从化市东北部。石门森林公园有着极高的植被覆盖率，其中绝大多数都是原始森林，所以被形容为北回归线上的一片绿洲。公园内有石灶风景区、田园风光区、石门风景区、峡谷探险区和天堂顶风景区5个主要风景区。园内四季之景各有千秋，春日百花齐放，鲜明动人；夏日山高水险，满山锦绣；秋日红叶翩翩，明媚多姿；冬日连接着秋与春，宁静宜人。公园又有“世外桃源”“南国香山”“南粤小九寨”之称，在假日里或者空闲时来此放松心情，回归自然，是个不错的选择。

虽然秋日的红叶极美，但那时游客较多，山路也会拥堵。而春日的森林公园虽然少了这一抹艳丽，却多了几分清净与温婉。春日里，大片大片的油菜花绽放在公园的湖岸边，倒映在水中，显得盈盈动人。远处山峦起伏，满山深深浅浅的绿泼墨似的染在天空下。还可以去走走芙蓉栈道，在溪水边嬉戏。若时间充裕，还可以攀爬天堂顶高峰，呼吸着清新的空气，哼着喜爱的小曲，端起手中的镜头，捕捉山水花丛间一道道迷人的微笑……

## 路书

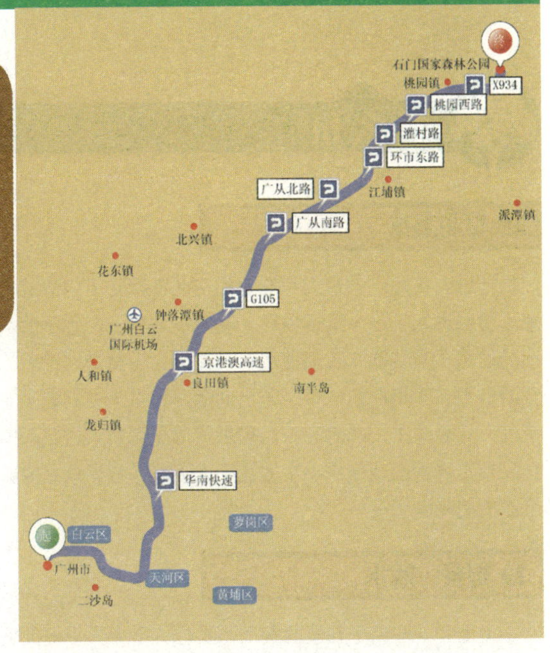


行车路线：

广州—广州环城高速—京港澳高速—105国道—广从南路—环市东路—桃园西路—X934—石门国家森林公园

从市中心出发上广州环城高速，进入华南快速。沿路行驶约15公里，直行进入京港澳高速。接着行驶约13公里，从钟落潭出口离开进入G105，沿路行驶约8公里直行进入广从南路。约8公里后进入广从北路，行驶约7公里在白田岗桥进入环市东路。沿路行驶约6公里右转入灌村路，前行进入桃园西路、桃园东路。最后直行进入X934，继续直行到达石门国家森林公园。

### 特殊路况提醒

☞从石门国家森林公园的售票处到景点是盘山路，驾驶需小心。特别是雨雾天气时，车辆限速10公里/小时，并要开启大灯行驶。

☞周末时，盘山路上较为拥堵。一般驾驶到油菜花景区处要40分钟左右。

☞105国道沿路五六公里就会有加油站，桃园西路温泉镇医院前100米有一处加油站。

### 行程安排

☞上午：

广州→石门森林公园→石灶风景区看油菜花海→野餐。

春天主要是到石灶风景区，时间多的话可以去其他风景区看看。

☞下午：

溪头戏水，景区漫步→徒步山路→回广州。

可以挑一些小路徒步，景色清幽。

## 怎么玩

### 看油菜花

一进入花海，大片大片的金色花儿在阳光下闪耀着，刹那间令人心生迷离之感，仿佛进入了一个童话世界。花海中立着一个小小的亭子，似乎在等待着谁。远处的风车带着欧式的闲情逸致，在阳光下慵懒地站着。空气中弥漫着属于油菜花的清香，穿梭在花丛中，无比惬意。许多人在湖边坐着，静静地呼吸着清甜的空气，看着花田，看着远山。偶尔可以遇到新人在花海中携手欢笑。细细看时，会发现蜜蜂颤颤地停在小小的花心上汲取芬芳，就好像园中的游人一样被这片黄澄澄的美陶醉了……

### 野餐、戏水

山上有一些便于观景的餐厅，供应许多令人垂涎的美味，像吕田焖大肉、泥焗走地鸡、香叶乌鬃鹅、桂峰酿豆腐、流溪大鱼头等，小吃如豆腐花、茶叶蛋、牛杂味道也不错。不过，景区内价格都偏贵。其实，完全可以带上自己准备的食物在湖边野餐。或者上芙蓉栈道去，听着溪水潺潺，鸟啼虫鸣，在树下一饱口福。如果是家庭出游，孩子一定喜欢在浅浅的溪水里戏耍。在溪边唱唱歌，玩玩水，讲讲笑话，一切随心而动。

## 徒步山路

在石灶风景区周围有许多竹林，山路也隐藏在其中。可以和朋友选一条山路一起徒步而上，沿着时而平坦时而陡峭的小路往上攀登。林中溪水清澈见底，也不知是从何处流下来的。有的路段植被茂密，阳光被层层树荫阻挡，只投下些许斑驳的光影，显得格外阴森。如果时间充裕或者准备充分，可以在山中露营。

## 住宿推荐

景区内没有住宿。县道X934沿路有宾馆住宿，标间价格为每晚100~300元。广州石门森林公园酒店：是一家经济型酒店，位于石门公园山脚的县道X934路边，交通方便，标间每晚150元。公园周边温泉众多，也可以选择入住温泉度假山庄等，环境都较为舒适，价格为每晚200~700元。广州从化锦园温泉酒店：位于广东省广州从化市温泉镇温泉东路42号，交通方便，四周的风景也很优美，标间价格为每晚360元。

### Tips

1.门票40元，在网上订票会有一定优惠。开放时间为上午9点到下午5点。节假日提前开放1小时。

2.山中竹林里蚊子较多，注意带驱蚊液。

3.景区内有许多餐点供应，但物价较高，可以自备食物、饮料在公园内野餐。

4.山上每个景区内平均有2个停车场，停车价格为10元/车。

5.山路上信号不是很好，偶尔会导致GPS导航不能正常运行，所以车速需缓，并注意安全。

# 溪头村
## 自然的心灵氧吧

目的地：广州市良口镇溪头村　　　　距　离：约120公里
车　程：约2小时　　　　　　　　　路　况：大多数为高速路，路况良好

溪头村位于广州市良口镇东北部，距离广州市区120公里，距良口镇17公里。这个素有“长寿村”“美女村”“广东省最美乡村”之称的村子三面环山，环境优美，峡谷幽深，潺潺的溪流交错纵深。既能徜徉在静谧安详的林间小道上，也能置身于翠绿茂密的竹海之中，更能品尝品种繁多的水果和令人口齿留香的农家美食。

走进溪头村，仿佛穿越到了一个与世无争的地方，积年的沧桑为原本白墙青瓦的民居染上了一层浅浅的褐色，它们无声地矗立着，却又在流动的溪水、鸡鸣狗吠与孩童的玩闹声中显得那样地生机勃勃。饿了，不妨找一处农家，一边欣赏李花一边品尝农家菜；倦了，不妨找一处溪水，戏水休憩。临走的时候，还可以带一些新熟的柑橘。也许你会觉得溪头村稍逊名山大川的雄浑气势，也略失江南小镇的婉约，但你终会发现它始终散发着当地人的质朴低调。

## 路书

从广州出发，直接上广州环城高速，行驶10.7公里后进入岑村立交，然后再进入华南快速。沿华南快速行驶13.4公里，进入京港澳高速公路，再行驶21公里后上匝道，沿匝道行驶970米，上大广高速公路，行驶18.6公里后上派街高速。之后再从派街高速上环市东路，经温泉大道至御泉大道。沿御泉大道经新城南路至新城北路，然后再经过国道G105、县道X938至溪头村。

行车路线：

广州—广州环城高速公路—华南快速—京港澳高速公路—大广高速公路—环市东路—温泉大道—御泉大道—新城北路—溪头村

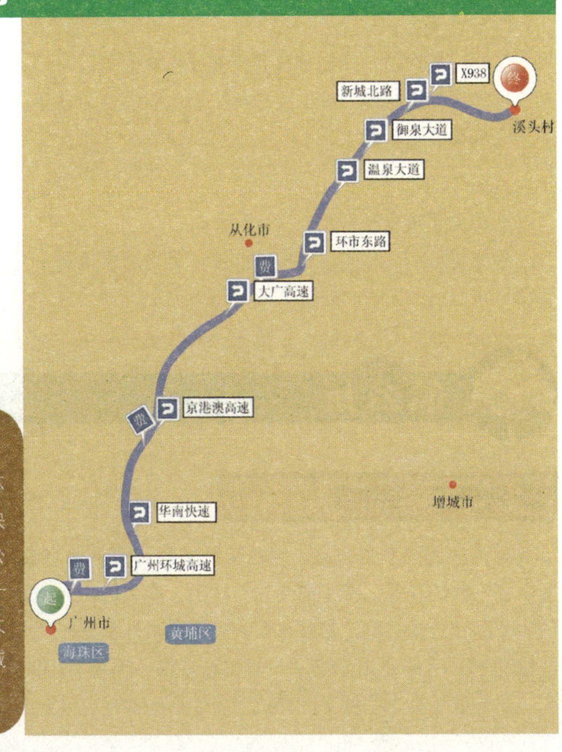


### 特殊路况提醒

☞全程有18处红绿灯和8个摄像头，开车需谨慎。沿途有10个加油站，无须担心加油问题。全程没有服务区，虽然开车两小时不算太久，但驾车前也要休息好。

☞G105国道路口较多，经常有车经过路口，所以车速不宜过快。前行到国道G105上的流溪河森林公园时，不要顺着国道过那座彩虹大桥，要在桥旁收费站之前右转，拐入小路，也就是县道X938。

☞X938县道上的三椏塘到溪头村有半小时山路，虽然都是水泥路，路况不错，但比较拥堵，所以不要开得太快。

## 行程安排

### 上午：

广州→溪头村→摘橘子，看李花→吃农家菜。

竹筒饭和桂峰酿豆腐的美味历来被旅行者传为佳话，更是当地人最拿手的好菜，去溪头非吃不可。

### 下午：

观历史建筑群→野炊→回广州。

溪头村虽小，却有着一座180多年历史的建筑群——金紫里，游完金紫里和竹海，再自己动手去体验野炊的欢乐。

# 怎么玩

## 摘橘子、赏李花

溪头村周围草木茂盛，村民善种橘树，漫山遍野都是。与中国其他地方不同，在广州的春季，橘子依然挂在枝头。溪头村种有大量柑橘树，一枚枚黄澄澄的橘子隐在碧绿之间，甚是喜人。因为橘子基本是村民自己种的，村民没有采摘的橘树都是用栅栏围起来，不能随意采摘。而没有围起来的橘树大多已经采摘完，但是依然有一些橘子没有被采摘，这些都是可供游客采摘的。

采完橘子，不妨欣赏一下李花。早春二月，溪头村的李花就开了，枝头上一朵朵如雪的李花粉嫩粉嫩的，非常漂亮，远远望去，一片雪白。如果不把这美景记录到相机里，就太可惜了。

## 品当地美食

来到溪头村，你绝不能错过当地的美食，如竹筒饭、流溪大头鱼、桂峰酿豆腐等，都已成为当地农家菜的特色标签。由于当地盛产竹子，成片的翠竹林便是做竹筒饭的最好选材。在竹筒里均匀铺满糯米和佐料后，在细细的火焰烘煮下，香气袭人。流溪大头鱼则是流溪河里土生土长的鱼种，肉质细腻鲜美。如果你想多吃几碗当地米饭，那么桂峰豆腐酿绝对是你拌饭的良品，清香滑嫩，口口留香。还有红葱头蒸农家鸡、拘泥走地鸡、吕田焖大肉等，都是热情的农家人的待客招牌。面对如此美味，你是不是动心了呢？

### 寻古问今

仔细寻访溪头村，你会发现村头一隅静静地伫立着一栋别样的建筑——金紫里。在历经近两个世纪的风风雨雨后，仍守候着这片溪头人的土地。金紫里是早年间村中大户人家修建的豪宅，巧妙的结构与精致的雕饰处处彰显着前人的智慧。房屋虽已荒废多时，但置身其中，室内古朴的气息与陈旧的摆设会让你恍如穿越前世，瞬间消散了尘世的纷繁庸扰。屋前有一个半月形水塘，是古人用来防御房屋起火的，至今仍清水满塘。

### 野炊

如果你觉得景色只是让你大饱眼福，那么，溪头野炊定会让你体验一番自己动手的快乐。野炊地点位于流溪河畔，周围奇石错列，溪水清澈，以石头搭灶，山间草木生火，溪水洗濯，可谓得天独厚的野炊优势。但要注意的是，山间草木旺盛，野炊完后记得彻底熄灭篝火。

## 住宿推荐

青衣客栈：青衣客栈位于溪头村48号，由一个院子餐厅和一个新院子组合而成，环境清幽，基本设施齐全，交通方便。客栈设有标间、普通多人间、双人间、三人间，价格在100~200元。

蜜源居农家小院：蜜源居农家小院位于溪头村29号，建筑别致，室内设冷、暖空调房，独立洗手间，供无线上网。有三人间、五人间和单间房源，价格100元/人。

### Tips

1. 溪头村竹林成片，到了早春，还可以带上小锄头去竹林挖笋。当然，需要向村民付费，一般每公斤5元。

2. 因为气候温暖，所以溪头村的李花2月就开了，非常漂亮。

3. 春季蚊虫较多，注意带上驱蚊的药水。

4. 橘子除了可以自己摘，也可以向农家买，一般是以筐为单位，也可以论斤买，价格高低不一，最好是货比三家。

# 苏家围・野趣沟

## 自然野趣之魅，南国画里乡村

目的地：河源市苏家围和野趣沟　　距　离：共 246 公里

车　程：共 3 小时 20 分钟　　路　况：大部分为高速公路，路况良好

位于河源市大桂山主峰北部的野趣沟，名副其实地是一个隐藏在山脉间的原生态野趣之地。野趣沟面朝万绿湖，三面峰峦叠翠围绕相拥。在山林中穿行，古藤巨树遮天，流水飞瀑层叠，奇石、怪树、清潭处处可见。春季是自驾游苏家围最舒服的季节，气候舒爽，植被新绿，满眼翠色比其他季节更美，处处都弥漫着一股新鲜的味道。

如果说野趣沟是野性之美的彰显，那么苏家围就是历史文化的沉淀。苏家围位于广东省河源市义合镇，山水环绕，景色宜人，有着“南中国的画里乡村”的美誉。山水环绕的村落里，既有标志性的迎亲桥，也有才子佳人传说的千年榕，还有十八座方形“府邸式”的客家围屋。其中，年代最为久远的永思堂已有近600年的历史。相传这里还是苏东坡后裔的聚居地，村子里的人都姓苏，在700多年的历史洪流中，形成了自己独特的苏氏家族文化风俗。

## 路书

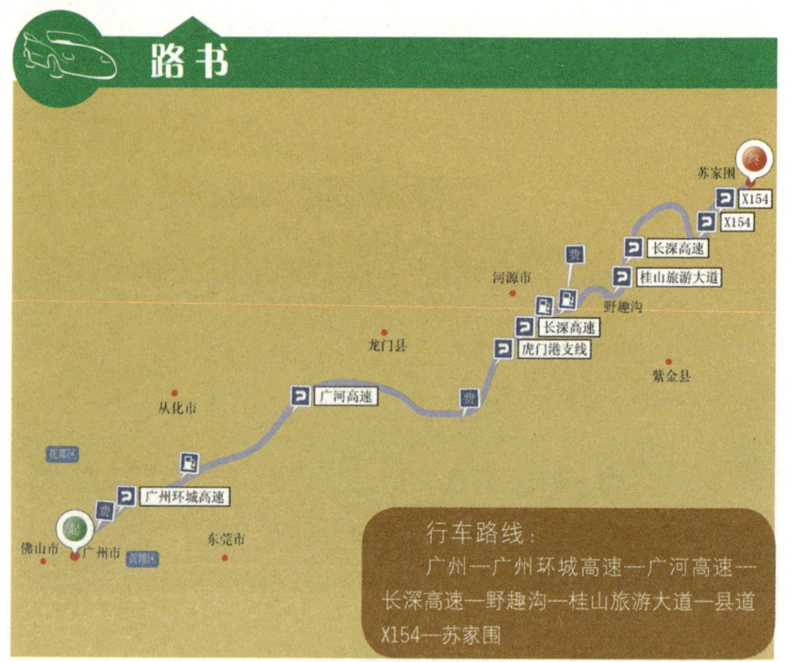


从广州出发，在广园西立交桥上高速，进入广州环城高速公路，一路经岑村立交、春岗立交进入广河高速公路，行驶144公里后右转进入匝道，前行1 200米进入长深高速公路，行驶25公里后在河源市区出口离开，沿匝道直行进入桂山旅游大道，终点便是野趣沟。

从野趣沟出发，沿桂山旅游大道回到长深高速公路，右转进入县道X154，行驶约1.7公里过义合圩，左前方转弯行驶240米便可到苏家围。

### 特殊路况提醒

☞全程大多为高速路，路况颇好，只有快到苏家围的一段路路况不是很好，注意放慢车速，避让行人和动物。

☞从广州出发一直到长深高速全部是收费路段。从广州到野趣沟一共有3个收费站，机场高速、广河高速上、长深高速各1个，野趣沟到苏家围也有2个收费站，都在长深高速上。

☞沿途一共有7个红绿灯、7个摄像头，集中在广州市区及长深高速河源市段。广州到野趣沟沿途都没有加油站，只有到苏家围的长深高速终点有1个，注意备好充足的汽油。沿途没有服务区。

## 行程安排

**第一天：**

广州→野趣沟→狐狸坳步行→午餐→漂流→苏家围→晚餐→休息。

从广州市区到野趣沟需要两个半小时，停好车之后可以沿着狐狸坳步行，欣赏沿途山林风光，然后在野鸭湖用午餐，也可以自己野炊，吃完饭可以休息一下，然后驱车前往苏家围。

**第二天：**

体验“南中国的画里乡村”→午餐→回广州。

到达之后可以先安排好住宿，然后体验纯正的客家菜，晚上住在苏家围。第二天上午可以起个早，吃吃早茶，逛逛村落，感受南国乡村之美，然后启程回广州。

# 怎么玩

## 感受南国乡村

东江与久社河交汇在苏家围旁，河边立着一个巨大的圆形水车，仍在缓缓转动。苏家围盛产竹子，放眼望去，村落里满是茂密摇曳的竹林，清风在竹林间穿梭，带来清爽的竹香，弥漫在白墙灰瓦的客家房屋间，江风、竹香、老屋、渔船，还有那些有着千年高龄的榕树，间或走过一两个扛着锄具或赶着牛羊的村民，陶渊明所说的世外桃源也不过如此了。

## 步行体验山林野趣

变化多端、其乐无穷的狐狸坳步行区仿佛一个大杂烩，既有有着千年历史的古梅树、古榕树，貌似不起眼却有着大量野生动物栖息的水潭，也有存在了千年也无人能解的天书石，还有形状奇特、蕴意颇深的各种奇石。走在狐狸坳，仿佛来到了一个原始的野生世界，在这里自然才是主宰。

## 欣赏客家围屋

苏家围的围屋糅合了客家与江南建筑的特色，以村中间的苏公祠为中心，依次呈府邸式向两边伸展扩散，苏家围共有十八房十八屋。苏公祠又叫永思堂，是为纪念苏家围八世祖苏东山而建，一直是苏家围人举行祭祀、议事的地方。在苏氏家族最显赫的时候，这里曾悬挂着63个官位、学位匾。苏家祠不仅是苏家人的精神财富，也是他们的心灵寄托。

# 住宿推荐

河源市有不少两星级以上的酒店，但推荐住在苏家围，村里有村民自建的客家民居住宿，具有浓郁的客家风情和乡村特色，且卫生条件较好，价格一般为40~60元/晚。

东坡食府：具有浓郁客家风格的民宿，房间很卫生，老板很热情。房价为双人间每晚40元。

河源汇豪国际酒店：酒店临江，环境和服务态度都不错，不过大床房的床是两张小床合并的。酒店距离野趣沟的直线距离为6.6公里，标间价格为每晚350元起。

### Tips

1. 苏家围门票30元/人，景区电话：0762-3825399，0762-8882888；野趣沟门票40元/人，景区电话：0762-3313333。

2. 客家娘酒、五指毛桃、河源三宝都是不错的纪念品。

3. 遇到当地卖木瓜的老人，不妨多多照顾买几个木瓜，既生津解渴又做了好事。

4. 村里的“娘家酒坊”是比较正宗的客家饭店，各式特色客家菜和点心都可以尝到。

# 夏

Summer

# 龟龄岛

## 碧海蓝天里的海岛野趣

目的地：汕尾市捷胜镇龟龄岛　　距　离：约 288 公里

车　程：约 3 个半小时　　路　况：大部分为高速，也有省道和县道

在广州的东南汕尾市捷胜镇外的海面上，坐落着一片秀丽的岛屿群，分别是龟龄岛、牛皮洲、赤蜡、鹰屿、青屿和捞投屿，其中因龟龄岛造型奇特，仿佛一只浮在水面上的乌龟而成为岛屿群中最为知名的一座。这只巨大的乌龟头朝西，身体向东横卧在海面上，在亿万年的地质运动、风吹浪打中岿然不动，所以其名“龟龄”，不仅是因为形似乌龟，也隐含其如乌龟一般稳健的意思。

到了明代，广东沿海海盗猖獗。这些海盗更是把龟龄岛当作据点，在这里分赃和享乐，所以龟龄岛又被称为“海盗岛”。如今，这个名字却为龟龄岛增添了几分神秘的色彩，引得不少人前来游玩。漫步在龟龄岛的沙滩上，听着海浪拍打岩石的哗啦声，迎着扑面而来的海风，顿觉神清气爽。晚上不妨在岛上背风处支起帐篷点燃篝火，望着星空入眠。

# 路书

从广州出发，出城后上济广高速。行驶96.1公里后，再上广惠高速。行驶58.3公里后，上沈海高速。行驶74.7公里后，沿S242/汕尾/海丰出口离开，进入汕尾市。再上省道S242、省道S241后经县道X124到达捷胜镇，将车停在村中停车场后乘快艇上岛。

## 特殊路况提醒

☞从广州市区到龟龄岛，一路上基本都是高速公路、省道和县道，路况比较好。沿途有5个收费站，广州市、沈海高速、济广高速、广惠高速、沈海高速各有1个。一共有9处红绿灯和42个摄像头，行驶的时候请注意车速。

☞路上一共有3个加油站，广惠高速有1处，沈海高速有2处，虽然要行驶3个多小时，但是完全不用担心没地方加油的问题。广惠高速和沈海高速上各有1处服务区，驾车疲倦后可以停靠休息。

☞如果不想进入捷胜镇，也可以在进镇前，从镇子左手边的一条小道上进去，直达码头。小道比较窄，虽然宽度可以让中巴车顺利通过，但是因为时常有车进出，所以上道时一定要小心。

## 行程安排

☞**第一天：**

广州→捷胜镇→龟龄岛。

早上出发，到捷胜镇差不多中午了，建议在捷胜镇吃午饭，然后在镇上买岛上野炊和露营所需的食材。再乘坐 20 分钟左右的快艇，就可以到达龟龄岛。在此可以安营扎寨，傍晚就可以动手做晚饭。晚饭过后还可以进行放飞孔明灯、篝火晚会等活动。

☞第二天：

游赏龟龄岛→拜妈祖→回广州。

钓鱼、捡海螺、抓海胆都是不错的玩儿法，也可以去岛上妈祖庙祭拜一下。

## 怎么玩

### 体验海滩露营

到龟龄岛如果不露营，那就太可惜了。上了岛就可以卸下装备，撑开营帐。露营时最好选择一块平整且排水良好的地方。岛上土质比较松软，为防海风将帐篷吹开，一定要使用长营钉，如果实在没有，也可临时使用大石头固定住帐篷的四边。尽管是在夏天，海岛的晚上还是比较凉快的，所以帐篷的门应背风比较好。另外，最好能随身携带防身的工具，防止意外发生。

## 海滩烧烤

在蓝天碧海的山石间享受野炊的乐趣，也只有在龟龄岛这样的海岛上才能办到。不过，因为没有电，所以电气化的炊具几乎都用不上，建议自备烤炉、烤架和食材在此进行烧烤。购买烧烤食材的时候，应注意荤素搭配。另外，建议买一些馒头、面包之类当主食。烧烤时，需选择一块平整的地方，人最好是背向大海，这样处于风的上风口，既不会被烟熏到，又不会被火烤到。

一切准备就绪后，就可以开始了。刷上调料，听着肉、蔬菜在火炉上发出的“嗤嗤”响声，闻着四溢的香气，谈着兴趣盎然的话题，再和朋友喝上一杯，那别提有多享受了。

## 沙滩拾贝、抓海胆、钓鱼

在这里随处都可以看到贝壳。约上同伴，把那些躺在沙滩上或者半埋在沙里的五颜六色的贝壳找出来，还可以捡几个海螺，带回家留作纪念。要是有人会潜水，还可以去海里抓海胆。潜水时提前准备好水肺，不要在不使用任何器具的情况下就贸然下海。也可以带上钓鱼工具，找一块石头坐下来，执竿静等鱼儿上钩，享受海上钓鱼的悠闲时光。

### 篝火晚会

到了夜晚，不妨在岛上背风处点燃篝火，来一场篝火晚会。大家可以唱歌、聊天、跳舞，以各种形式感受在岛上这短暂而快乐的时光。如果带有扑克、骰子之类的娱乐工具，还可以以比赛的形式玩上几局，娱乐怡情，玩个痛快高兴。

## 住宿推荐

在龟龄岛上住宿，露营一定是最有特色的方式。不过，如果不习惯露营，可以回到汕尾市或者捷胜镇投宿。

龙诚酒店：位于广东省汕尾市，从捷胜镇政府西行700多米就可到达。酒店的环境比较清洁，服务也比较周到。单间价格在每晚150元左右。

### Tips

1. 捷胜镇上一些酒店的食物往往坐地起价，喊价比较高，但是可以杀价，至于杀价多少，就得看你自己的本事了。另外，买好饮用水，因为岛上的饮用水贵得会让你心痛。

2. 从捷胜镇去龟龄岛的时候可以坐快艇，20分钟左右就到，也可以乘坐渔船，慢悠悠地一边欣赏风景，一边前往岛上。但是，乘坐渔船要提前跟渔夫约好。

3. 在岛上随意转转，欣赏岛上的风景，还可以去附近的妈祖庙，拜一下妈祖，据说这里的妈祖尤其灵验。

4. 建议带3套衣服，因为上岛或者下岛乘坐快艇时总会被浪淋湿，海水黏黏的在身上很难受，带上长衣长裤，避免晚上风大，而且还可以防蚊虫。

5. 住帐篷的话建议带上一条挂绳，可以晾一些湿的毛巾和衣物。带上两个夹子，方便掀起和放下外帐，带上樟脑丸或者防虫剂，草地上很多虫子，放一些总睡得安稳些。手电筒、头灯和小台灯建议带上，因为岛上是没有足够的照明设备的。

6. 岛上有一家杂货铺，里面可以购买一些必要的物资，杂货铺还提供洗菜、洗衣的浴室，每人每天10元。

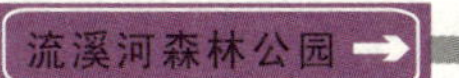

# 流溪河森林公园
## 纵情山水，追逐人文景观乐趣

目的地：从化市流溪河森林公园　　距　离：约110公里
车　程：约1小时50分钟　　路　况：道路基本为市区道路和高速路

从化流溪河森林公园位于广州，从化市东北角上一隅，占地88.31平方公里，园内环境优美，湖光山色连成一片，景色宜人。春天百花齐放，争艳斗宠；夏天树木葱郁，凉爽避暑；秋天红枫迎客，热情至极；冬天梅花飘香，沁人心脾。这里不仅有丰富美丽的自然景观，还有很多人文景观，如拓展训练基地、民族风情园、水上乐园等，是集自然和人文于一体的宝地，是众多爱好户外旅行的人拖家带口、携友引伴享受闲暇时光的好去处。

当然，最适宜去流溪河森林公园的季节，非夏季莫属了。远远看去，蓝天白云下，一泓碧水宛如天空之镜，倒映出大自然最本真的色彩。偶尔几只快艇划过，留下数道白云似的白浪。岸边郁郁葱葱，踏着小径穿梭在林间，眼见的是满眼碧翠，耳闻的是鸟叫蝉鸣，纵情在这山水之间，不知不觉连心儿也融化了。

## 路书

从广州市出发，出城后上华南快速。行驶13.4公里，朝京港澳高速(北行)/G4/从化/韶关方向，进入京港澳高速。行驶21.0公里，朝从化/G45/G105/街北高速方向，稍向右转，行驶970米，从入口进入大广高路。

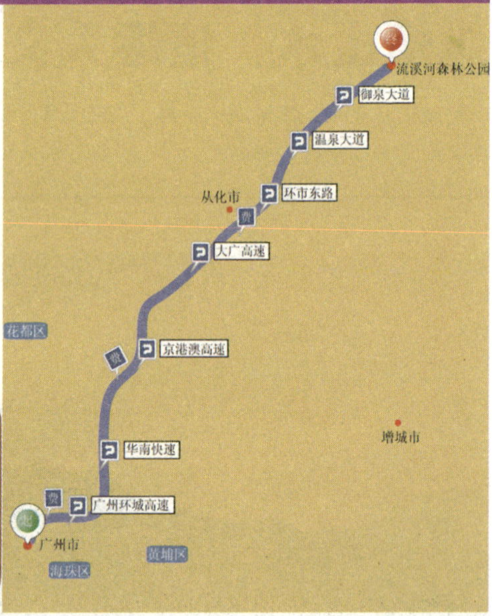

行车路线：

广州市—华南快速—京港澳高速—大广高速—环市东路—温泉大道—御泉大道—从化流溪河森林公园

行驶18.6公里，直行进入派街高速。行驶40米，从神岗/从化市区/望谷温泉度假村/地派温泉右转进入环市东路。行驶6.9公里，进入温泉大道。再依次通过御泉大道、新城南路、新城北路、G105，观湖路到达终点。

### 特殊路况提醒

☞全程有18处红绿灯，主要集中在广州市和从化市内，有11处加油站，主要是集中在从化市内。另有8处限速摄像头，主要集中在广州市内和高速路上。所以，开车的时候，不要开得太快，要谨慎驾驶。

☞开始在温泉大道行驶9.3公里后，朝良口/新丰方向走，直行进入环岛，然后在第一个出口再次进入温泉大道，也就是要两次进入温泉大道，这样比较省时间。

☞一路上车比较少，都是水泥省道和县道，双向通行，有部分道路中间有水泥隔离带，但是时不时有摩托车突然从对面穿越隔离带冲出来，所以车子一定要各行其道，处处以安全为上。

☞响水峡风景区离流溪河不远，只有14公里，所以可以顺带游玩响水峡。沿途道路弯多，加上游玩后身体比较疲乏，因此每次过弯前最好按按喇叭，谨慎行驶。

## 行程安排

### 上午：

广州市→流溪河森林公园→坐船游湖。

从广州到流溪河森林公园一般是上午 10 点左右，所以可以到了之后在附近的餐馆吃了饭再过去。

### 下午：

猴岛→孔雀岛→彩弹野战→大坝→五指山→三椏塘幽谷→响水峡→回广州。

流溪河森林公园面积大，其中有烧烤场、钓鱼台、水上游乐场、珍稀植物园、拓展训练基地等。可以选择其中自己喜欢的几个景点玩。

# 怎么玩

## 坐船游湖

流溪河森林公园由流溪河、流溪湖和若干小岛组成，又以流溪湖为主。森林公园内风景优美，湖水清澈得仿佛能看到湖底的水草，所以船游是森林公园最常见的玩儿法。如租赁公园内的游船，价格比较贵。公园门口的票贩子出价则是30元1人，都是当地农户的船，可以沿着水道进入公园。

## 与猴同乐，与孔雀比美

从门口乘船进去要经过猴岛。猴岛里面的猴子很多，可爱是可爱，就是“教养”有点不好，凶巴巴的，还喜欢从游客那里抢他们感兴趣的东西，车友们一定要注意看好自己的包和零食。如果你想逗逗它们，也可以给它们一些小零食，看着它们在树林间蹿上蹿下也不错。继续前行，就到了孔雀岛。与顽皮的猴子相比，孔雀就平易近人得多，只要看到游客一来，便蜂拥而至，向游客展屏比美，卖乖讨巧，希望蹭点食物。在此，你可以尽情地同它们游玩。

### 彩弹野战

彩弹野战是一款适合少年和中年人的游戏，趣味性比较强，而且惊险刺激。野战区主要分为高地争夺战区、松林阻击战区、丛林游击搜索战区。游客在这里不仅可以得到专业的教官指导，而且能亲自参与模拟实战，所以这里还是比较受游客青睐的。

## 住宿推荐

可以在五指山下的木屋招待所住宿，富有情趣。其缺点是：周围公路较多，地方也不怎么开阔，如果要追求高品质，这里不是很好。价格为双人间每晚160元左右。

五指山山腰上有个山庄，有停车坪、草地，四星级的装潢水准，但是价格也偏贵，标间每晚在300元左右。

还可以到流溪河镇上的一些酒店住宿，价格普遍在每晚150元左右。

### Tips

1. 吃饭可以选择在公园外面的农庄吃，这一带的叫花鸡比较出名，价格也比较适中，人均60元左右。

2. 坐船游湖只是从公园门口到大坝，在大坝上逗留一会儿，再从大坝坐回门口，全程30元，中途不停。如果你要下船观景，可以跟船家商量、讲价，至于能讲到多少，就看你的本事了。

3. 如果觉得一天时间比较紧，玩不了那么多，建议只乘船游湖，然后就只在五指山、三桠塘幽谷玩。

4. 如果时间允许的话，还可以驱车去附近的响水峡玩。响水峡是众多摄影爱好者的天堂：两边都是高山，中间一片平地，都是农田和村庄，在夏季的黄昏，太阳的光线透过云层，洒下来的光真正像泻了一地的流光。不仅如此，响水峡还可以漂流（110元/人），喜欢玩水和刺激的车友选择这里是比较理想的。

# 大甲岛
## 纯真的周末露营之旅

目的地：惠州市惠阳区大甲岛　　距　离：约204公里
车　程：约3小时　　路　况：大多为高速公路，路况良好

大甲岛位于惠州的大亚湾海域，原名“大六甲”，岛上一直没有常住居民，多是渔民来往。在潮州话中，“六”与“辣”同音，所以渔民习惯称大六甲为“辣甲岛”。大甲岛离杨梅坑约10海里，坐快艇需要20分钟左右，因为远离陆地，所以很少受到世俗的干扰，景致非常迷人。

大甲岛的水质非常清澈，天气晴朗的时候，海水的能见度大概有6米深，蓝色的波光荡漾，令人心醉。大甲岛有3个沙滩，各种斑斓多彩的贝壳、海螺、扇贝、珍珠贝等半埋在沙滩岩石中，静静等待谁来将它们发现。岛屿的附近有一片珊瑚礁，不少潜水爱好者都喜欢去珊瑚礁浮潜，和鱼儿同乐。漫步岛上，看着蔚蓝的大海，任海风吹起裙摆，和家人朋友在沙滩上嬉戏打闹。夜晚则点起篝火，载歌载舞。末了则躺在沙滩上欣赏漫天的星星。生活，仿佛回到了童年一般单纯。

行车路线：

广州—沈海高速—虎门港支线—龙大高速—沈海高速—盐排高速—盐坝高速—杨梅坑码头—大甲岛

从广州市黄埔区上沈海高速，然后经虎门港支线上龙大高速，之后再次进入沈海高速。沿沈海高速行驶20.7公里，经排榜立交进入长深高速。沿长深高速进入盐排高速，在梧桐山道立交从入口进入盐坝高速，过雷公山隧道和迭福山隧道后进入坪西路，之后经滨海二路、葵南路，进入新大路，然后转入新东路便可到杨梅坑码头。将车停在杨梅坑码头后，再乘坐快艇前往大甲岛。

## 特殊路况提醒

☞在沈海高速和长深高速上各有一处加油站和服务区，全程共11处红绿灯，43处摄像头。

☞新东路沿路有停车场，开车疲劳了可以在停车场休息。此外，新东路较为拥堵，不要在高峰期进入。

☞雷公山隧道和迭福山隧道在雨天路面较滑，需要小心驾车。

## 行程安排

**第一天：**

广州→大甲岛→搭帐篷→岛上游玩→烧烤。

最好提前一天采购上岛露营和烧烤的物资，如果当天采购会浪费不少时间。

**第二天：**

上午继续游玩→中午返回广州。

中午可以到南澳的海鲜一条街吃饭，可以自己在市场上买一些海鲜，到海鲜店加工。

# 怎么玩

## 乘快艇登岛

对于很少乘坐快艇的车友来说，登岛的那段快艇旅程也是一次非常刺激的体验。快艇师傅显然对这种海上运输作业驾轻就熟了，就算是浪花再大，船速也绝不放缓。海风吹得眼睛都睁不开，船舷两侧的大海激起一人高的白浪。如果不小心，肯定会被浪花打得满头满脸都是。乘坐快艇的时候，一定要穿快艇上的救生衣，虽然比较脏，但是安全才是最重要的。

## 下海游泳

上岛后第一件事是在沙滩上搭帐篷。因为此处海风并不大，所以帐篷的窗户最好是对着大海，才会比较凉快。之后就可以换上泳衣下海游泳了。大甲岛的海水很清澈，水下的景色清晰可见。虽然海滩的浪并不大，但是

最好还是不要远离海滩。不会游泳的车友，记得一定要携带游泳圈。建议下海之前先做一下热身运动，否则容易抽筋。

## 自制烧烤

如果晚餐只是吃一些干粮，那么这一整天的旅行都会觉得少了点什么，一顿自制烧烤，肯定会让夜间的生活精彩起来！大甲岛经过开发，岛上的设施较为完善，烧烤用的台子直接就能租到，租金每个100元。烧烤用的菜肴则是之前准备好的，当然岛上也有卖的。搭好架子，点上火，洗好菜，看着各色蔬菜、肉类在烤架上“嗞嗞”冒油，那心情别提有多安逸了。

## 看日落日出，拍摄星星

欣赏日落最好是寻一个小山头，才能看得全。如果是喜欢摄影的朋友，最好也一同带上三脚架和相机。站在山头上，看着太阳慢慢落入海平面，暮霭的风徐徐吹来，此刻的天空和海都融合着金黄色与蓝色，显得特别神秘，赶紧按下快门，把这一刻记录下来。

海上的空气没有受到污染，海岛上也没用璀璨的霓虹，所以天上的星星密密麻麻，非常多，连银河都非常清晰。在码头有个小凉亭，建议摄影爱好者可以去凉亭二楼找个好角度进行拍摄。沙滩上还可拍摄星轨。

如果想要欣赏日出，那么5点左右就要起床了。还是在看日落的那个小山头上，同样是海风徐徐，太阳经过一夜休整，仿佛更精神了，海平面都被染成金色，画面真是无比壮观。

## 住宿推荐

在大甲岛露营肯定是个好的选择。可以租帐篷，100元/顶。当然，如果不习惯露营，也可以住在岛上的酒店。

大甲岛度假村：只有5个标间，3个二人间，两三间别墅大床间。价格至少要300元/晚。电话：0752-88845969。

大亚湾假日酒店：位于惠州大亚湾经济技术开发区，临近大甲岛。装潢豪华，环境很好，服务周到。标准大床房每晚580元。电话：0752-5551188。

### Tips

1. 大甲岛有两个沙滩，一个是比较便宜的，30元左右，不建议去那个沙滩，环境不好，沙子不细腻。强烈建议去80元那个沙滩，风景绝对不一样。

2. 快艇一艘可以坐7人左右，价格在400多元一船，包接包送。

3. 岛上有冲凉房，不过只有冷水。

# 大岭村
## 荷花古村，岭南魁首

目的地：广州市番禺区大岭村　　距　离：约48.6公里
车　程：1小时　　路　况：全程为公路，路况良好

大岭村位于广州市番禺区石楼镇的西北，背靠苍翠蓊郁的菩山，面朝潮起潮落的玉带河，地理位置得天独厚。大岭村虽然距离广州只有1小时左右的车程，但却远离城市喧嚣，拥有世外桃源般的宁静和安逸。村落中的民居夹在菩山和大岭涌之间，整整齐齐地呈半月形排列在一起。村中水网密布，村中有水，水中有村。因为村落优越的地理位置，且格局清晰，建筑保存完整，所以有着很高的历史价值，是名副其实的“蛎江涌头，半月古村”。

古老的村落，沧桑的街巷，写满历史的房屋，村中一砖一瓦、一草一木无不在无声地讲述着久远的故事。在看惯了千篇一律的古村古镇之后，大岭村依旧可以使人眼前一亮。那些有着八百年历史的祠堂、门楼、牌坊、古树，处处都散发着大岭村独一无二的古朴魅力。漫步其中，仿佛穿越古今，重回数百年前的繁荣时光。

## 路书

广州出发上华南快速干线，行驶7.3公里，进入广州环城高速，行驶2公里，往科韵路/生物岛隧道/珠海/中山方向右转进入南沙港快速路。沿南沙港快速路，行驶17.2公里，从雁洲涌桥亚运大道/亚运城/市桥/石碁出口转入亚运大道。沿亚运大道，行驶6.6公里，左转进入石清公路。再由石清公路，经市莲路、石化公路、菩山路、菩玉路到达大岭村。

### 特殊路况提醒

☞全程的路况都非常不错，一共有13处红绿灯，1处摄像头，开车经过时一定要小心慢行。

☞上华南快速干线后，行驶6.4公里，在土华立交桥朝广州大学城/S81/S105/生物岛方向，稍向右转进入土华立交桥，行驶进入广州环城高速。

☞全程没有服务区和加油站，虽然车程只有1小时左右，但还是建议加满油后再上路。

## 行程安排

**上午：**

广州→大岭村→游览古村落古建筑→观赏宗祠荷塘→玉带河垂钓。

垂钓的新鲜河鲜，可以拿到大排档让店家做成独具特色的美味。

**下午：**

品尝玉带河畔的美味佳肴→泛舟玉带河→回广州。

离开大岭村之前，再去荷塘拍摄荷花，在光影的变换下，你会发现和上午的荷塘有不一样的美丽韵味。

# 怎么玩

## 观八百年村落古迹

大岭村历史悠久，因为出过许多状元、探花、进士而散发着浓浓的书卷气息。分散在小村落中的古塔、祠堂等更是显得古香悠然。各式古石桥跨于贯穿全村的玉带河上，深入村中，祠堂、门楼、牌坊、麻石巷、古树等排列在河岸边，清晰可见。大岭村以祠堂闻名，所以到这里一定要看各种宗祠。其中，建于明朝嘉庆年间，被称为“桥头祠”的大岭陈氏十世祖祠，因大门旁的石雕镌刻有西洋儿童像，所以更是地位超然。除了陈氏显宗祠，陈氏大宗祠、两塘陈公祠、朝列大夫陈公祠、进士公祠、大魁阁塔等都是值得一看的景点。

## 环村骑行

大岭村依山傍水，村落环境优美，村子里的道路多为白石铺筑而成的古街道。骑行在石板街上，特别是雨后，路面的石板干净地泛着青光，水珠从屋檐处滴下，敲击在石板上，仿佛整个世界都安静了。骑过几间小洋楼后，便会看见古村一些历史的痕迹或大自然的一角，也许还能看到某间平房的窗棂上，悄无声息

地出现的一只小猫。慢慢地骑行，体验一把穿越时空的美妙经历。

## 尝玉带河畔美味、泛舟垂钓

来到大岭村，最叫人期待的地方是位于大榕树下、玉带河边的细记大排档。莲藕猪肉、花生猪手、蒸鲩鱼、铜盘鸡以及西洋菜鱼滑汤不仅卖相好，味道也绝佳。这里的野生水鱼“清补凉”汤、白灼本地麻虾、清蒸和顺鱼、凉瓜炒天丁鱼、清蒸白鳝片、清蒸青肉蟹、脆皮吊烧家乡鸡、面豉蒸猪肉都值得一试。

在大唊河鲜鲜美之余，可以提着鱼竿临水钓鱼，或者撑着木桨荡舟水上，体验一下渔家风情，一路赏花赏水赏古迹，惬意而悠闲，放空心思，给自己一段偷得浮生半日闲的美好时光。

## 看奇特蚝壳墙、赏荷花

大岭村的一大特色就是拥有许多蚝壳墙。所谓蚝壳墙，就是一堵墙全是由蚝壳垒成。据说，因为古时候村民没有钱买砖，所以才用蚝壳来做墙壁。到这里一定要拍几张蚝壳墙壁，造型绝对精美独特。

位于大岭村内显宗祠旁以及文昌阁旁有一处荷花池，荷花从7月初开放一直可以持续到9月，红白相间的荷花点缀在翠绿色的荷叶间，荷叶尽情地舒展着身姿。

# 住宿推荐

距离大岭村约2.1公里位于泰山路24号有广州嘉华假日酒店石楼分店，各项设施都比较完善，价格在每晚143~206元。如果想住得经济实惠，那么，距离大岭村约1.9公里位于市莲路154号的典雅居旅店也是个不错的选择，标准间的价位为每晚98元，环境也过得去。

### Tips

1. 大岭村不收门票。

2. 7—9月是观赏和拍摄荷花的最好时机。

3. 大岭村虽然餐馆较少，但就餐价格不算贵，一盘猪蹄也就20元左右，人均消费25元基本就可以吃饱吃好了。

4. 夏季的大岭村荷美景秀，但是正午阳光比较强烈，不想晒黑的话，一定要搽防晒霜。

# 外伶仃岛
## 蔚蓝海洋中的夏日风情

目的地：珠海市外伶仃岛　　距　离：约125公里
车　程：约1.5小时　　路　况：高速公路和市区道路，路况良好

“辛苦遭逢起一经，干戈寥落四周星。山河破碎风飘絮，身世浮沉雨打萍。惶恐滩头说惶恐，零丁洋里叹零丁。人生自古谁无死？留取丹心照汗青。”文天祥的这首《过零丁洋》，在中国文学史上，是一声悲壮的叹息和呐喊。

现在，零丁洋的正式写法是“伶仃洋”。抛开文天祥诗歌中的悲壮和凄苦色彩，其实，伶仃洋是一片美丽的海域。伶仃洋中有两个岛屿：内伶仃岛和外伶仃岛。如今，外伶仃已经成为广州车友周末休闲娱乐的好地方。

外伶仃岛位于珠海香洲南部，孤悬茫茫大海中，给人孤寂之感，且位置较之内伶仃岛更远，因而得名。伶仃岛是地势呈倾斜状，据说倾斜度达35°。岛中主峰岭顶峰虽然仅高311.8米，但因为耸峙海域中，所以视野极佳。晴好的夏日，登峰眺望，可以看见香港的轮廓，以及桂山岛和广袤的大海，会有一种天地悠悠的感觉。

外伶仃岛上不但有着各种奇石、清泉、小山，而且因为地理位置使然，洋溢着亚热带雨林风景和海岛伊甸园风光。清凉蔚蓝的海洋，洁白美丽的沙滩，美味的海鲜大排档……这一切，会让车友的夏日周末充满别样的魅力。

## 路书

广州市区上广州环城高速（S81），从仑头出口转入南沙港快速路（S105）行驶约41公里。然后往中山/珠海/G4W方向行驶，至黄沥立交转入广澳高速（G4W）行驶约50公里。之后直行进入港湾大道行驶约15公里。接着进入情侣路行驶约1.5公里。注意路牌指示，左转入香洲客运码头后，在码头乘船去外伶仃岛。

行车路线：

广州—南沙港快速路—广澳高速—港湾大道—情侣路—香洲客运码头—外伶仃岛

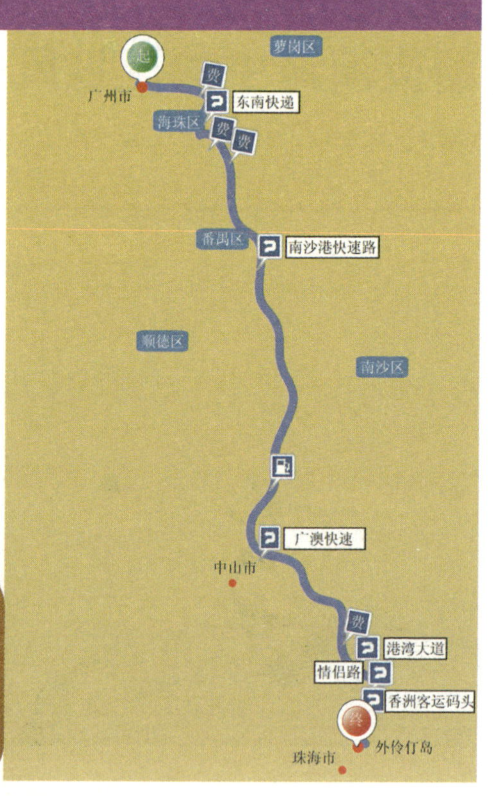


### 特殊路况提醒

☞珠海市区道路限速70公里每小时，且摄像头超多，请注意遵守交通法规。一定要按线路行驶，转弯的要提前转线。

☞香洲港客运码头到外伶仃岛的班船时间为8:40，14:20，返程时间为10:30，16:15，船程约75分钟，中途会停靠桂山岛。票价为67元/人。

☞正常班船为每天两班，上午、下午各一班，有时中午会加开一班，这班船主要是供旅行团的，但有空位的话散客也能购票上船。码头的售票处不提供电话订票，只能现场买。想提前电话订票的只能通过旅游公司，但旅游公司会要求你通过他们预订岛上住宿。

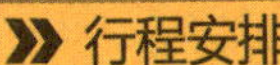

## 行程安排

### 第一天：

广州→外伶仃岛→戏水、游泳、钓鱼、逛海鲜市场。

为了赶上早晨 8:40 的班船，所以最好早一点出发。早晨 6:30 就从广州动身比较适宜，如果不出意外的话，正好赶上 8:40 的班船。到达外伶仃岛后，就去找住宿的地方，然后用午餐。接下来的时光，就可以戏水、看风景，度过清凉的夏日周末了。如果不怕麻烦，可以自己去岛上海鲜街购买食材，然后找海鲜大排档加工，加工费一般在 50 元左右。晚上可以选择住酒店，也可以露营。

### 第二天：

骑行→返回香洲码头→回广州。

先买好 16:15 从外伶仃岛返回香洲码头的班船票，这样就可以无后顾之忧地继续玩大半天，再回香洲码头取车回城。不赶时间的话，可以沿情侣路往拱北方向驾驶几公里，去看看珠海的标志“珠海渔女”雕像。

## 怎么玩

### 戏水冲浪，大海深处的清凉

岛上有着很多沙滩，虽然面积都不大，但已经足够你撒野了：捞鱼、捉蟹、堆沙……喜欢怎么玩就怎么玩。还可以去还浅水海域，将身子泡在海水中，让浪花拍打你的肌肤，带给你大海深处的清凉。

### 钓鱼捉蟹，别忘记带上粘网

岛上的岩石、码头都是钓鱼的好地方。带上你的钓鱼装备一展身手吧！喜欢钓鱼的朋友记得带上粘网，因为运气好的话，会有大收获。想想，如果晚餐能有几斤自己钓的海蟹或者海鱼，那将是多么惬意的事儿！

## 爬山登顶，远眺香港的轮廓

喜欢爬山的朋友，在外伶仃岛上肯定不会错过登上主峰伶仃峰，一路上奇石妙景不断，天气好时，登顶后还能望到香港呢！看着那蔚蓝色的大海，或许你还会想起文天祥的那句“零丁洋里叹零丁”，发思古之幽情……

## 骑行露营，吹吹大海的风

在外伶仃岛上，还有一条小路，是单车骑行的好地方。这条道路是广东绿道的一段，道路两边植被葱茏，夏日的海风透过树叶吹来，非常清爽。沿途也有很多海味干货店，价格比市区便宜，可以停下你的单车买一点。付钱之后继续前行，洒下一路铃声……

你还可以在自己的单车后座上，搭上一顶帐篷，晚上可以在沙滩或沙滩边的草地上露营了。夏日的海岛之夜，露营、看星星、听海涛，不是一件很浪漫的事吗？

# 住宿推荐

岛上海馨酒店条件比较好，平日里海景标间每晚600元起。普通旅店有沙滩之家等，还有家庭旅馆可供住宿，平日价格为每晚200元左右。注意：岛屿上的住宿，节假日价格会上升1~2倍。

当然，也可以自己带上帐篷露营，但由于岛上淡水较缺，冲凉要付费，每次基本在10元左右。在海岛游泳区的沙滩上面，有一个草坪，是露营不错的选择，这里靠近冲凉房，离海鲜街及市场又近，吃喝玩乐都很方便。

### Tips

1. 登船时必须携带身份证，以备边防随时检查。如果忘记带的话，是不让上船的，你会白跑一趟。

2. 香洲客运码头可以停车，价格为40元/天。

3. 广东每年都会有一段时间为禁渔期，大多会在8月结束，所以想吃又多又便宜的海鲜，最好在8月之后的夏末去。岛上特产狗爪螺一定要试试，很多吃过的人都说美味。

4. 喜欢爬山的车友最好穿上登山鞋，带上防晒油、防蚊液以及足够的水。

# 巽寮湾
## 夏日海边的浪漫之旅

目的地：惠州市巽寮海湾风景区　　距　离：约 232 公里
行　程：约 3 小时　　路　况：多为高速路，路况良好

在惠东平山镇的南面，有一座美丽的海湾——巽寮湾。这里蓝天高远、白云悠悠、碧海澄澈……一切显得那么的诗情画意。在炎炎的夏日周末，到这里来洗涤一周的烦躁和疲惫是再合适不过的。乾隆年间，这里曾荒无人烟，后来一批难民来此搭茅“寮”定居。而“巽”有平安吉祥之意。巽寮湾在粤东是数一数二的纯净沙滩，海沙的含硅量极高，沙滩洁白无瑕，被誉为“天赐白沙堤”。海滩周围到处是奇形怪状的礁石，有似绵羊有像龟璞有如骏马。清奇美丽的景色定会让你流连忘返。

来巽寮湾避暑吧！在蓝天白沙中享受清凉的海风与海水。慵懒地坐在酒店阳台，眯着眼睛看海天一色的美景……沙滩排球、海上飞艇、出海捕鱼、夜里篝火、海边烧烤都乐趣无穷，让人意犹未尽。还能到三角洲岛上潜水，去天后宫岭南文化步行街逛逛，一切都随心随意。此行一定是一次难忘的海滨之旅。

## 路书

行车路线：

广州市中心—城环高速—沈海高速—济广高速—广惠高速—沈海高速—国道G324—县道X210—巽寮湾

从市中心上城环高速，朝大观路/深圳/广深高速/G4方向，稍向右转进入沈海高速。沿路行驶约12公里于火村立交处右转，继续行驶约3公里右转入济广高速。沿济广高速行驶约97公里直行进入广惠高速，接着沿路行驶约56.5公里，在凌坑互通左转入沈海高速，行驶约10公里于白云互通进入G324，行驶约13公里右转入X210，沿路行驶约18公里到达巽寮湾。

### 特殊路况提醒

☞整个路段上有两个服务区，分别是沈海高速的广氮服务区和湖东停车区。还有9个加油站，38个摄像头，9个红绿灯。

☞从白云出口出来后有许多隐藏的测速设备。

☞在市中心，应尽量避免高峰期出发，否则会比较堵。

### 行程安排

**☞第一天：**

广州→巽寮湾→午餐→海滩游玩→出海捕鱼→篝火晚会。

到巽寮湾差不多12点，应该是饥肠辘辘了，在酒店或者大排档饱餐一顿再去游玩。下午可以捕鱼，捕鱼后可以直接吃晚餐，并且在篝火晚会上尽情地唱歌跳舞欢笑吧！

☞**第二天：**

飞艇→三角洲岛→潜水→回广州。

如果有兴趣，还可以去逛逛天后宫再回广州。

# 怎么玩

## 捕鱼

在巽寮湾可以租一艘船，跟着渔家出海打鱼。行驶在海上的感觉令人恍惚，身后的海湾成了一条明丽的衣带。视野开阔，海水纯净无边，在船上可以亲手接触到海水。经过风光秀丽的三角洲岛，到了捕鱼地点，跟着渔家撒网。之后船速渐慢，开启回程，大约悠悠半小时不到便可以收网。之间鱼虾螃蟹活蹦乱跳。此刻心里定然欣喜万分。捕来的海鲜可以自费带走，到饭店里或者宾馆大快朵颐。

## 海边畅游

漫步在沙滩上，接受着海风轻轻地吹拂，无比惬意。身后一个一个脚印排列出行来的轨迹，停留一会儿便被白色的浪花抚平。浪花褪去五彩的贝壳留在了沙滩上，不经意间就能拾获心仪的艺术品。海边有许多木凉棚，可以纳凉。有兴趣的话，可以玩一次沙滩排球，海上的飞艇也十分刺激，紧抓把手，任船长带着左一道右一道高速前进。四周都是飞溅的浪花，中间可以去海龟岛、乌龟岛小游一番。

### 篝火晚会

海滩夜里可以举行篝火晚会。熊熊的火焰在沙滩上燃烧着，大家围坐一圈唱歌跳舞。可以买到小烟花，在海边一边跑一边甩着手里的烟花，在夜空下闪闪发光。忽然间，空中绽放出绚烂的礼花，映照在人们脸上，一张张笑脸在烟花的闪烁中格外美丽。与恋人依偎着看海上之花，与家人打闹着追逐在夜空下，和新认识的朋友在火焰边吃着烧烤，喝着啤酒畅谈天南海北……自由随意的心情如篝火一样任意燃烧。

## 住宿推荐

巽寮湾有许多酒店十分有情调。

岭南酒店：位于惠东县巽寮湾岭南民俗文化街首位，电话电话：0752-8922111。

德泽园（粤海）假日大酒店：位于惠东县巽寮松园湾8号，风情浪漫，高雅舒适，房价每晚238元起。电话：0752-8888016，也可拨打业主林先生电话13829994158。

海尚湾畔度假酒店在金海湾：位于惠东县巽寮湾（滨海大道凤嘴路），设施齐全，房价每晚588元起。电话：15816859826。

### Tips

1. 许多海滩须入住酒店才可以免费进入，但德泽园的海滩晚间下滩不收费，仅收15元/辆的停车费。

2. 提前4~7天预订房间，当地住房源较紧张，特别是视野独好的海景房。

3. 金门湾门票8元，德泽园门票10元，三角洲岛门票60元，下岛的最晚时间是17:00。

4. 夏日炎热，尽量避开高温时段在沙滩上游玩，以防晒伤，这时候建议在宾馆里眺望海景，休息聊天。

5. 出海捕鱼10~20元/人。

# 大树岛
## 私家小岛的快乐时光

目的地：阳江市大树岛　　距　离：约 300 公里
车　程：约 4 小时　　路　况：大部分为高速，也有省道和县道

大树岛面积不大，只有6.23平方公里，是广东省万山群岛中一个玲珑可爱的地方，与河北村隔水相对。大树岛分为3个部分：大树岛、树中岛和树尾岛。

关于大树岛名字的来源，跟清朝光绪年间一个民间英雄有关。据说，当时广东阳江南石乡海霸危害渔民，一位叫洪胜的英雄带着村民驱逐海霸，取得胜利，自己也牺牲了。因为洪胜乳名大树，渔民就将埋葬他的小岛叫作大树岛。

大树岛的自然环境独特，岛的一面常风平浪静，另一面却常惊涛骇浪。岛屿上沙滩细腻，“踩上去就跟踩在面粉上一样”，配合着蔚蓝的海水，以及高大的椰树，景色很漂亮。一些车友在论坛发帖的时候，甚至用“小海南岛”来赞美它。

这个岛屿带有一种私家色彩。岛上唯一一户居民姓徐，他在10年前购买了岛屿70年的使用权，据说花费了40万元。经过徐岛主的开发，如今岛屿已经修起了楼房，打了水井，安装了风力发电机，还养起了羊群。车友们对徐岛主的评价是：“很热情，但讲价时也很有生意人的精明。”

## 路书

行车路线：

广州市区—沈海高速广州支线—沈海高速—阳西县—河北村

早上从市区出发，在沙贝立交桥处进入沈海高速广州支线，沿沈海高速广州支线行驶42.6公里，朝开平/江门方向，稍向左转进入沈海高速公路。在沈海高速行驶约250公里，注意记得在下阳西/织箦出口下高速。沿278省道进入605县道，行驶约20公里，就到达上洋镇，向河北村方向行驶约15公里，就到达河北港口码头了，乘船去大树岛。

### 特殊路况提醒

☞下沈海高速后，其实有两条路可到达河北港：一条是走县道605经上洋镇，另一条是走省道278经溪头镇。走县道605近一点，但现在路途中的一条小桥前面，修起了两个石墩，只能单车通行，所以车多的时候会堵车。

☞如果走溪头镇，会路过一个叫蓝袍村的地方。“蓝袍拉网”非常有名，村民有时一网都可以打上数吨鱼虾，场景壮观，可以欣赏下。时间充裕的话，还可以买新鲜鱼虾请村民加工，吃了再出发。

### 行程安排

**☞第一天：**

广州→河北村→大树岛。

早上8:00从广州出发，约12:00到达河北村。可以在当地渔民的酒店，吃阳西特色的海胆饭及各类新鲜海鲜。吃饭的时候，可以请店家联系船家，饭后就上岛。

**第二天：**

大树岛→河北村→蓝袍村→回广州。

错过蓝袍拉网确实比较遗憾，如果你第一天选择的是走上洋镇，那返程不妨选择走溪头镇，既可以看看拉网，也可以解决午餐。

## 怎么玩

### 戏水捉海鲜

大树岛的海滩沙质非常优良，踩上去脚感很好，有种痒酥酥的舒服感。沙滩颜色一片金黄，在落日照射下尤其瑰丽，喜欢摄影的朋友不妨多拍几张。

戏水当然是不能错过的节目了。正如前文所说，这里的海水一边温柔，一边凶猛。选择比较温柔的那一边，此处的海水并不深，在某些地方向海中走大约100米，也才能淹到身高165厘米的人的腰部。将自己泡在海水中，或者朋友之间打打水仗，都是很好的游戏。

傍晚退潮时，数十平方公里的滩涂显露出来。赶快带上头灯、铲子，去滩涂捉海鲜：海参、海胆、海星、海螺……

## 在椰林海风中打盹儿

大树岛上种有很多椰子树，如果你带了吊床，可以在椰林中惬意地打个盹儿。不过，睡醒之后，你可能发现有羊和你脸对脸呢！这些羊都是徐岛主自己养的，不怎么怕人。如果有空，还可以步行约10分钟，登上海岛的最高处，海岛全景以及茫茫大海，都会映入你的眼帘。

## 享受各种海岛美味

在海岛上，既可以选择在徐岛主家用餐，也可以选择自己野炊。岛主可以提供鸡、鱼、肉、瓜、蔬菜等，都是现点现做，非常新鲜。徐岛主家还养了很多羊，这些羊都散养在岛屿上，抓羊费劲，宰杀和烤制也需要时间，所以如果要想吃他家的烤羊，你要在河北村用餐时就请店家联系岛主。

傍晚退潮时，只要你不怕累，海边的滩涂上有的是海螺、海蟹、贝类之类的海鲜。捡回来后，烧清水煮熟，吃时蘸点酱油，味道非常鲜美！

# 住宿推荐

岛上没有客栈旅馆，只能搭建帐篷露营。椰树下、细沙上搭起你心爱的窝，听着海浪声慢慢入睡，其实是很不错的选择。由于大树岛是私人承包的，因此岛主要求游人按每人20元/天付费，过夜按2天计，算是门票。此外，帐篷按10元/晚的标准收费。

### Tips

1. 在海岛上露营，夜晚会有比较大的海风，所以帐篷的地钉和防风绳一定要用上。

2. 上岛的船为私人小渔船，船费来回为35元/人，可当天上岛第二天回。河北村的店家可以帮忙联系船家，通常是第二天返回时付款。

3. 由于大树岛海域很奇特，一边风平浪静，一边惊涛骇浪，所以玩水前最好向岛主核实一下哪些地方比较安全。

# 芙蓉嶂

## 镜中水，画中人

目的地：广州市花都区芙蓉嶂　　距　离：约49公里
车　程：约53分钟　　路　况：大部分为高速公路，路况较好

芙蓉嶂又名芙蓉山。芙蓉嶂连绵数十里，峰峦叠嶂，以360米高的芙蓉山为主体。因为山上的石头表面都有芙蓉花一般的图形，所以得名芙蓉嶂。芙蓉嶂风景区位于广州市花都区北部的狮岭镇，距离广州市中心区只有1个小时左右的车程，当天就可以来回，路途不远，交通便捷，性价比很高。

夏日广州的高温天气往往令人烦闷不已，然而芙蓉嶂却是另一番宜人景象。置身于群山逶迤、松林叠翠之中，犹如处在天然的绿色氧吧，此刻才知，原来世界还可以如此清新。浓密的树林中，飞瀑流泉与湖光山色交相辉映，带你走进一幅绮丽的风景画，让你流连忘返。芙蓉嶂水库无疑是这幅风景画上浓墨重彩的一笔。芙蓉嶂水库在芙蓉山的南侧，由狮山、泉山、鲤鱼岗三山之间的峡谷组成，湖面波光潋滟，青山倒映其中，美不胜收。芙蓉嶂的自然风光优美宜人，人文古迹同样引人入胜。穿梭于太平天国传奇人物洪秀全的祖墓、带有浓重迷信色彩的陈济棠母墓，感觉仿佛穿梭在神秘的时间隧道，与历史一同见证那古老的传说。

## 路书

从广州出发，沿增槎路行驶进入广清高速连接线。沿广清高速连接线行驶5.8公里，直接进入广清高速。行驶24.5公里，经过平步大道进入乡道Y717。沿乡道Y717行驶左转进入狮岭大道。然后沿狮岭大道行驶2.7公里上度假村专用道，进入山前旅游大道，行驶1公里便可到达芙蓉嶂。

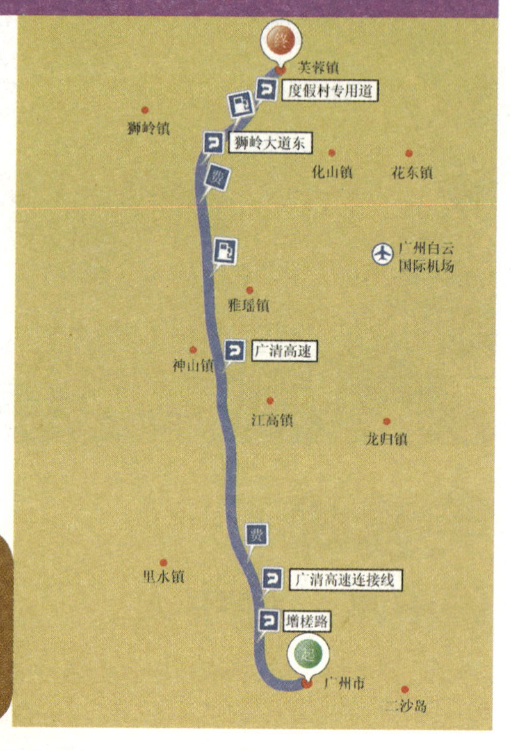


行车路线：

广州市—增槎路—广清高速连接线—广清高速—狮岭大道—度假村专用道—芙蓉嶂

### 特殊路况提醒

☞从广州到芙蓉嶂，一路上基本都是高速公路，路况很好。全程有两个收费站，广清高速上有1个，狮岭大道上有1个。一共有19处红绿灯和5个摄像头，行驶的时候应注意车速，虽然路况可以让车速上100公里每小时，但最好不要随意超车或者行驶过快。

☞全程一共有两处加油站，广清高速上有1处，度假村专用道上有1处。广清高速上有1处服务区，驾车疲倦后可以停靠休息。

☞通往芙蓉嶂虽有度假村专用道，在度假旺季人多车多，最好还是放慢车速。

### 行程安排

☞上午：

广州→芙蓉嶂→芙蓉嶂水库→趣味烧烤。

游览了芙蓉嶂山清水秀的绮丽风光，身心愉悦地准备一顿大餐犒劳自己吧！

下午：

观古迹→漂流、越野、真人CS野战→回广州。

游玩时要注意安全，玩漂流会弄湿衣服，不要忘记携带毛巾以及替换衣物。

## 怎么玩

### 登高远眺收美景

若是启程很早，到达芙蓉嶂景区正值清晨，你会发现这里云雾缭绕，仿佛进入了一个芙蓉仙境。行走在把面积巨大的芙蓉嶂水库分为南、北两片的湖中小路上，呼吸着清新而沁人心脾的空气，哼着欢快的小曲儿，哪里还有什么疲劳和烦恼？两面的湖水如镜，青山绿树倒映其中，摇曳在清风的微拂中，飞流直下的瀑布更是为这幅美不胜收的风景画增添了一抹灵动的色彩。在芙蓉嶂山顶公园凭栏远眺，芙蓉嶂水库的绮丽风光一览无遗。这时，你也许会情不自禁地当起一回诗人，高吹着“会当凌绝顶，一览众山小”。

### 执竿垂钓，趣味加美味

在宛若仙境般的芙蓉嶂晒晒太阳，闻着青草氤氲着水汽的香味钓钓鱼，无疑又是一桩美事。长期浸泡在城市喧嚣之中的你，是否还记得这种久违的宁静致远？放下心中累积的烦闷与疲惫，享受一下这难得的恬静时光吧。待鱼儿上钩后，支起烧烤架，尽情享用自己动手捕捉和亲自烧制的美食，让你的心情美上加美！

## 游览历史古迹

除了醉身于如画的风景之中，还可以领略与感受历史的文化气息。太平天国领袖洪秀全的祖墓就在这里。除了洪秀全祖墓，还有与之相关的陈济棠母墓，传闻迷信风水的陈济棠为实现其当“皇帝”的梦想，挖了洪秀全的祖坟而葬其母，于是便有了现在我们所看到的陈济棠母墓。这些传闻无所谓真假，皆为沿途的旅行增添了一抹神秘的色彩。

## 漂流、越野、真人 CS 野战

在九曲十八弯的天然河道中漂流，惊险刺激的清凉快感可以让人抛开一切烦恼与忧愁。跟随着瀑布般湍急的流水一起去腾空，一起去飞跃，一起去放飞被压抑的灵魂。

定向越野和真人CS野战对于喜欢挑战和喜欢刺激的人来说，当然不容错过。在不断的挑战和刺激中，尽情地超越自我，领略非同一般的激情感受。

# 住宿推荐

虽然芙蓉嶂距离广州只有1个小时左右的车程，一天足以打个来回，但如果时间充裕，也可留宿一晚。

广州景观酒店：位于芙蓉旅游度假村内，方便快捷。酒店内环境优雅，设施比较齐全，是住宿的不错选择。标间价格最低在每晚170元左右。

城市便捷酒店广州花都狮岭店：位于花都区狮岭镇宝峰路，地理位置不错，环境较清幽。酒店简约时尚，设施齐全，免费停车。标间价格在每晚180元左右，但要注意的是这个酒店不可以刷卡。

### Tips

1. 漂流会弄湿衣服，需要携带毛巾以及替换的衣物。

2. 垂钓最好自备钓竿，在附近租用的钓竿可能用起来不太顺手。

3. 漂流、越野和真人CS野战时要注意安全。

4. 烧烤时注意风向，站在上风头烧烤食物，以免被烟熏到。烧烤结束后，要注意彻底熄灭火种，以免引起火灾。

5. 漂流、定向越野和真人CS野战均是要收取门票费的项目。漂流：168元/人。定向越野：88元/人。真人CS野战：148元/人。

# 海陵岛
## 在东方夏威夷里尽享浪漫

目的地：阳江市江城区海陵岛　　距　离：约273公里
车　程：约3.5小时　　路　况：全程大多数为高速路和省道

拥有“东方夏威夷”之称的海陵岛位于广东省阳江市，曾连续3年跻身“中国最美十大海岛”的行列。除了丰富的物产，海陵岛还有澄碧的海浪、细软的沙滩、嶙峋的礁石、老旧的庙宇、古老的沉船……这些自然和人文的风景融洽地组合在一起，相得益彰，越发动人。

夕阳下的海陵岛别有一番趣味，那是一种沉淀下来的美丽：大大小小的船舶，落日的余晖倾泻在平静的海面上，笼罩着属于这里的一切。漫步在沙滩上，凝望着周围也同样驻足欣赏美景的人群，会觉得这种能让身心舒畅的机会是多么难得。约上三五好友，携同来此，冲浪玩水，拾贝钓虾，还可以组个沙滩排球队，热火朝天地打一场……难得的周末，不妨丢掉俗事，忘却烦恼，就在这水天一色的沙滩上释放自己的活力，寻找内心真正的快乐。

## 路书

行车路线：

广州市—沈海高速广州支线—沈海高速路—阳江市—海陵岛

从广州出发，出了广州市上沈海高速广州支线。行驶42.6公里，朝开平/江门方向，进入沈海高速。行驶180.7公里，朝阳江港/阳春/S51方向，从入口进入罗阳高速。行驶16.1公里，从闸坡/高新区出口离开，上匝道，左转弯进入县道X593。行驶1.2公里，朝闸坡方向，直行进入环岛。然后通过省道S277以及路边指示牌到达海陵岛。

### 特殊路况提醒

☞从广州到海陵岛，几乎都是市区道路、高速路、省道以及县道，跨海大桥很快就能到达，路况还是比较好，整段路程有3个收费站，广州市有两个，阳江市罗阳高速有1个。一共有19处红绿灯和20个摄像头，行驶的时候注意控制车速，安全第一。

☞路上一共有两处加油站，沈海高速路支线有1处，S227路上有1处，行驶3个多小时，出发前一定要加满油。广清高速上有两处服务区，驾车疲倦后可以停靠休息。

☞进入阳江市后，在朝闸坡方向进入环岛后要在第一个出口进入省道S227，不要上错了。

## 行程安排

**☞第一天：**

广州→海陵岛→大角湾。

在大角湾可以进行沙滩排球、游泳冲浪等活动，还能支起烤炉烧烤，建议下午玩沙滩排球、游泳，晚上可以吃烧烤。

**☞第二天：**

大角湾→逛古庙→游码头→回广州。

# 怎么玩

## 游泳、冲浪、玩沙滩排球

海陵岛是国家沙滩排球的训练基地，到这么一个意义非凡的地方，当然也少不了要体验一番。闸坡也有专门的排球场地和网子，自己带排球，和朋友或者周围的游客组两支排球队，在沙滩上热火朝天地玩上几局。

傍晚时分，吃过晚饭，就可以和朋友换好装备到大海游泳、冲浪了。初学者也可以到沙滩上的游泳池去游泳。

### 玩沙、听海、看日出、吃海鲜

很多朋友到了海边都喜欢玩沙，把自己埋在沙滩里，或者堆一个沙滩的城堡。当然到了海边，海鲜自然是少不了的。可以到附近的酒店吃，也可以自己烧烤，烧烤炉可以在附近租到。晚上可以听海涛，次日则可以欣赏海上日出。

### 逛古庙，看沉船

古庙是海陵岛上的一大特色。除了最为常见的妈祖庙，还有北帝庙、灵谷庙、宋太傅张世杰庙等都是海陵岛比较有名的庙宇。除此之外，这里的古炮台，“南海一号”千年古沉船，都是具有历史意义和纪念价值的。要是体力比较好，还可以去附近的码头走走，看着一艘艘船只在夕阳的余晖里排成一列列队伍，那场景不知道有多壮观！

## 住宿推荐

闸坡大角湾富海酒店，距大角湾约50米，距中心浴场约20米，双人房一晚350元左右，单人房一晚200元左右。预订电话：0662-3800000，网上订票一般都有折扣。

阳江闸坡十八子渔林饭店，位于大角湾景区正对面，环境适中，双人房一晚200元左右。

### Tips

1. 有时候海上天气变化太快，建议游泳爱好者在游泳的时候不要游得太远。初学者一定要带好救生圈和救生衣。在浅水区练习时，最好有朋友和家人指导。

2. 夜晚去沙滩上玩，海风还是比较大的，建议多带一件衣服，夜晚出去约会或者活动不至于受凉。

3. 关于住宿，除了住酒店，还可以自备帐篷到海滩体验露营的感觉。

4. 沙滩上阳光很强烈，建议带好防晒霜和帽子。

5. 沙滩不利于高跟鞋的行走，建议穿平底鞋。

# 大襟岛

## 碧海蓝天里的原始风情

目的地：台山市赤溪镇大襟岛　　距　离：约180公里
车　程：约2个半小时　　路　况：大部分为高速，也有省道和县道

位于台山市赤溪镇以南海面上的大襟岛，紧靠珠海高栏港、荷包岛，是南海诸多美丽的岛屿之一。因为大襟岛尚未开发，所以至今仍保有原始的痕迹，岛上森林茂密，郁郁葱葱一直延伸到海边，其间怪石嶙峋，山岩突兀，险峻非常。大襟岛的海湾非常美，海水碧蓝，沙滩细腻。放眼望去，头顶的天空碧蓝，一轮红日高悬，群群海鸟飞过天际；脚边的海浪微卷，一艘渔船渐行渐远，数只海豚跃出海面。它们同岸边的奇树怪石一起，组成了一副扣人心弦的画面。

大襟岛最为著名的就是白海豚了。白海豚是国家级的珍稀动物，大襟岛周围的海域有接近300只白海豚，这片海域也是我国已知海域中，白海豚第二集中分布的区域，因此时常有国内外的科研机构前来考研。选一个晴朗的日子，站在海岸边较高的地方，便能看见一只只白海豚不停地跃出海面，激起朵朵浪花。如果想要亲近它们，不妨搭乘船只驶入海中，同它们嬉戏。

# 路书

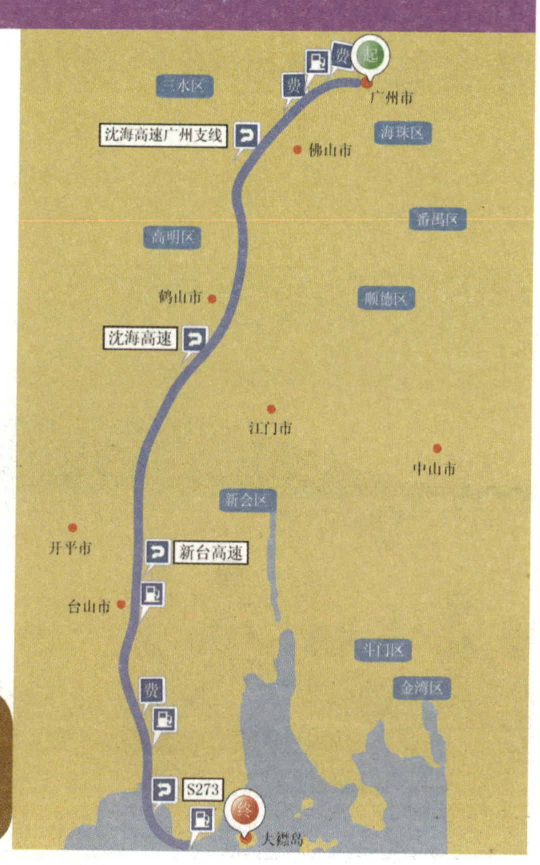


从广州市区出发，上环城高速转入沈海高速（国道G15），行驶约90公里，然后在司前出口转入新台高速（省道S49）行驶约53公里。之后在斗山出口往铜鼓方向沿省道S365到都斛镇，再沿县道X547直行，到达赤溪镇后约行驶10公里达到海边，再乘船上岛。

行车路线：

广州市—环城高速—沈海高速—新台高速—大襟岛

## 特殊路况提醒

沈海高速佛开段路况相当好，但还是要遵守交通法规，本路段限速120公里。

高速后的省道跟县道大部分路况不错，只有小部分路面在修，但只要小心慢行就可顺利到达赤溪镇。

全程有两处服务区、3处加油站、19处红绿灯和15处摄像头。

## 行程安排

**第一天：**

广州→赤溪镇→午餐→大襟岛→岛上游玩→露营。

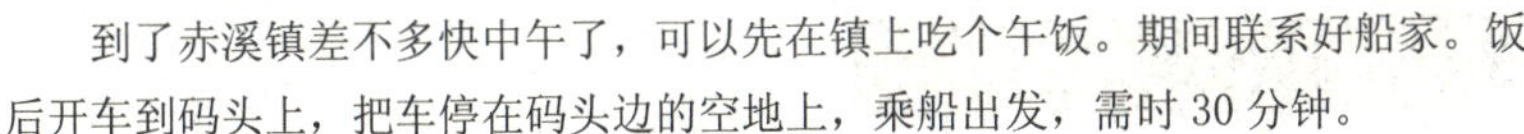

到了赤溪镇差不多快中午了，可以先在镇上吃个午饭。期间联系好船家。饭后开车到码头上，把车停在码头边的空地上，乘船出发，需时 30 分钟。

**☞第二天：**

看日出→回广州。

想要看日出、摄影的车友，不妨早点起来，最好是 5 点左右。找一个比较高的地方，可以看日出。

## 怎么玩

### 安营扎寨，游玩岛屿，探秘森林

在这座未开发的岛屿上，你完全可以上演一出荒岛余生记，一切东西自备，有的只是原始森林、原始沙滩，正等待你慢慢地去发掘。上岛后第一件事，就是扎营。首先在沙滩上找一个较高且较平坦的位置，支起帐篷。为了防止雨水流入，需要在帐篷周围挖一圈水沟。最好带上驱蛇粉，在帐篷周围撒上一圈，以驱赶蛇虫鼠蚁、蚊子等，让你可以更加安心地入睡。然后，就可以慢慢游览荒岛了。

岛上有小溪，可以沿着小溪走入树林中，靠近海滩的森林有着成群的鹭鸟和海鸥。大叫一声，只见群鸟齐发，场面非常壮观。如果胆子够大，还可以深入岛上的森林中一探究竟。

## 游泳，放孔明灯

到海岛游玩，不游泳怎么行。一般情况下，大襟岛的沙滩浪都不会很大，非常适合游泳。即使天气不好，浪很大，也可以到沙滩后面的小溪游泳。小溪虽然也是海水，但是水位不高，非常适合游泳，而且这里也是初学者练习游泳极好的地方。

沙滩的晚上，篝火是少不了的，这时再准备几个孔明灯，那么整个晚上都会精彩起来。放孔明灯是要看风向的，为安全起见，如果风往岛上的森林吹，就不要放了，以免引发大火。

## 拾贝壳，捡海鲜

拾贝壳和捡海鲜很有乐趣，当然，其中也有不少学问。岛上的野生青口贝、野生蚝、海螺多的是，主要是考验你的装备和眼光。海水能浸润到的岩石里，通常有很多宝贝，这些岩石通常比较锋利，一定要带上手套。贝壳跟海螺主要在石缝边，收拾难度不大。青口贝长在岩石上，有时候是比较难发现的，但只要发现了一只后，通常周围就会有很多。可是想将它们拿出来并不那么容易，野生的青口贝之所以能长在岩石上，就是因为它们有跟树根一样的“脚”，能牢牢地粘在石上，所以一把钳子能帮上你大忙。生蚝比青口贝更难发现，它们就像水泥砖一样粘在岩石上，颜色跟岩石相似，且形状各异，不用心的话肯定不会发现它们。

### 来一场趣味烧烤

到了吃饭时间，自带户外炉具的就可以开炉煮食了，没有就只能原地拾柴、堆炉，生火煮食。当然，到沙滩最好的就是烧烤了，车载冰箱里放满了牛排、鸡翅、排骨、啤酒。发挥创意用铲在沙滩上挖一个烧烤炉桌，一大帮人围炉而坐，边吃边喝边聊边游戏。如果把刚挖到的青口贝、生蚝放到炉上烤，再加点蒜泥、酱油，那真是人间极品了。

## 住宿推荐

因为岛屿未开发，所以只能露营，如果不习惯露营，可以返回赤溪镇住宿。

台山海角城旅游度假中心：位于台山赤溪镇田头铜鼓鱼塘湾，靠近沿海高速。房间干净整洁，环境不错。标间每晚260元。电话：0750-5279381。

台山黄金海岸旅游度假酒店：位于台山市赤溪镇铜鼓鱼塘湾3号，酒店装潢豪华，设置齐全，服务周到。标间每晚410元。电话：0750-5271222。

### Tips

1. 第一天的午餐可以在下高速后不远的都斛镇解决。这里的海鲜新鲜而且便宜，也可以到市场买海鲜然后到大排档加工，加工费在30元左右。

2. 台山的黄鳝饭是很有名的，千万别错过，回程时可以品尝一下。

3. 如果玩得不够，且还有时间，那就到附近的黑沙湾玩也不错。黑沙海也在赤溪镇，下新台高速后按提示走S273省道约20公里就可到达，路况不错，酒店饭店也充足。

4. 上大襟岛的船都以私人的小船为主，一般来回费用为80~100元。由于船小，浪大时海水很容易溅湿衣服，坐船时要注意。

# 赤洲岛
## 孤独小岛的绝世体验

目的地：惠州市赤洲岛　　距　离：约 165 公里
车　程：约 3 小时　　路　况：大多为高速路，路况良好

赤洲岛是大亚湾中的一个无人岛，属于中央列岛。岛屿的东面有一座白色的灯塔，静静地立于山头，如同岛屿的守护者一般。海岛西面立着一块石碑，上面刻着赤洲岛的具体信息："赤洲，以其岩石呈朱红色而得名，位于广东省惠州大亚湾，地理位置为北纬33° 38′，东经114° 38′，隶属惠州市。距澳头镇约5.2公里，岛体呈椭圆形走向，长631米，宽约418米。" 它在小辣甲岛和喜洲岛中间，看起来似乎不起眼，其实岛上还未经开发，纯净安宁，极其美丽。

小岛有一条长约100米的沙滩，沙质细软，被海浪一阵一阵地拍打着。除了这唯一的沙滩，小岛的其他地方大多被奇形怪状的岩石占领，所以，如果想要环岛游，一定要提前作好准备。不过，露营、烧烤、戏水都很有意思，还可以站在岩石高处，俯瞰海滩和大海，辽阔的景色一定会让你心旷神怡。

从广州市黄埔区上沈海高速，过虎背山隧道后前行左转上机荷高速。之后直走，看到往盐田港方向的指示牌右转，上盐排高速，在梧桐山道立交从入口进入盐坝高速，走到尽头，出葵涌的收费站。在丁字路口左拐向南澳方向驾驶，过雷公山隧道和迭福山隧道后进入坪西路，之后进入布新立交，左转进入滨海二路，直走右转入葵南路，再进入新大路，转入新东路便可以沿路到杨梅坑码头。将车停在杨梅坑码头后，再乘坐快艇前往赤洲岛。

## 特殊路况提醒

☞龙岗区新东路沿途有停车场，如果开车疲顿，可以稍作休息。

☞雷公山隧道和迭福山隧道在雨天路面较滑，应小心驾驶。

☞新东路可能较为拥挤，尽量避免在旅游旺季或者高峰时段进入。

## 行程安排

☞**第一天：**

广州→赤洲岛→搭帐篷、捉海鲜、烧烤。

到了杨梅坑后不要急着上岛，可以先在杨梅坑购买一些必要的物资。

☞**第二天：**

攀岩看日出→环岛游玩、游泳→乘船返回杨梅坑码头→回广州。

如果要看日出，那么最好前一天早点睡觉，况且露营不比在家，或多或少会有一些不习惯，如果休息不好，第二天很难早起，而且精神也不会太好。

## 怎么玩

### 搭帐篷，露营好不惬意

去赤洲岛玩，最有意思的莫过于露营了，可以体验一把鲁滨逊式的荒岛生活。小岛的沙滩不大，靠着崎岖不平的岩石壁，面朝大海。上岸后第一件事就是搭帐篷，固定遮阳伞。大家在齐心协力的合作中会生出不少乐趣。当五颜六色的帐篷搭建完成时，从高处望去，就好像海滩上绽放了朵朵花儿。夜里在小小的窝里听着海浪的声音，和朋友说说悄悄话，在这个美丽而安静的小岛上惬意地入睡……

## 捞海鲜，吃自助烧烤

大亚湾中有上百个大小不同的岛屿，赤洲岛在其中似乎并不起眼。由于来人较少，未经特意开发的海滩上处处充满了原始的纯净。扑打在海滩上的水清澈无比，螃蟹在细沙中“横行霸道”。将帐篷搭完后，下海抓海鲜也是件令人兴奋的事情。不管是在海边钓鱼还是下海潜水，都可以获得很大的收获——海胆、石斑、虾、蟹、海鱼……如果既不会钓鱼也不会潜水，不妨多翻翻岸边的石头，不少螃蟹、海胆都藏在里面。岛上淡水资源很少，所以一定要带够饮用水，不管是冲洗海鲜还是解渴，都要用到。烧烤的时候背对风口，这样才不会被烟熏到。此外，最好准备一些水果和蔬菜，以搭配海鲜食用。从下午一直吃到夜里，看着星星，吹着海风，美味萦绕在鼻息，是无法言说的安逸。

### 海中游泳，沙滩戏耍

赤洲岛周围的海水清澈无比，清凉的海水拍打在脚上十分舒适。小岛似乎特意悄悄等待着喜欢游泳和潜水的人们来发现，静静地送出一个美丽的惊喜。浸润在海水中，凉爽惬意的感觉传遍全身，阵阵海浪的冲击也让游泳充满了小小的波澜。潜水时，也能发现美丽的珊瑚和鱼儿。上岸时，身上脚上依旧会干干净净，不会夹着黄沙污垢。沙滩上可以堆沙子，玩排球，随意打打闹闹，再没有比这样一个下午更放松了。

不过，需要注意的是，赤洲岛的海域虽然看似平静，实则海下暗流涌动，不要离开小岛浅滩太远，否则一不小心就会被卷下去。

## 住宿推荐

如果不习惯露营，可以到杨梅坑住宿，杨梅坑有很多民居，房价每晚在100~300元。莫默海边客栈天雅店：位于深圳龙岗南澳杨梅坑101栋，环境清洁。电话：0755-84423062。

此外，澳头镇上也有许多住宿之处。

怡家假日酒店：位于新澳大道9号。惠州望海楼酒店：位于龙海街48号。这两家都是标间每晚在200元以下的舒适酒店。

### Tips

1. 高速公路单程收费共110元。快艇到岛上约350元/船，6~7人（来回）。

2. 装备要带齐，包括服装、起居用品、照明设备、露营设备、烧烤设备等。赤洲岛上到处都是礁石、峭壁和灌木杂草，想要环岛游，一定要准备好齐全的登山工具。

3. 要带好充足的淡水，建议每人3升以上。

4. 许多海胆、海参、螃蟹都藏在岩石块下面毫无防备，多翻一下会有许多收获。

5. 夜里岛上蚊子很多，一定要带上驱蚊用品。

6. 在岛上要生篝火的话，最好自己带点干柴，因为周围比较难找到干柴。

7. 想要拍海上日出的朋友5点就要起床，那时站在岩顶上就可以看到迷离梦幻的海岛日出风光。

8. 一定要团结协作，相互帮助。酒后严禁下海。

秋
Autumn

# 惠东双月湾
## 广东最美海岸线

目的地：惠东县港口镇　　距　离：约 250 公里
车　程：3 小时 30 分　　路　况：绝大部分为高速公路，路况良好

广东缺乏高山，四季更替不明显，唯一得天独厚的优势便在于靠海，因为海岸线特别长，所以不乏美丽的海岛、海滩。很多人知道惠东有个巽寮湾，却不知道在它的附近有个双月湾，相对于巽寮湾的商业化，双月湾显得朴实宁静，更具港口小镇的生活气息。双月湾位于惠东县港口镇，整个镇子夹在大亚湾和红海中间，左湾水平如镜，右湾波涛汹涌，沙滩连绵20公里，两条沙垅直奔镇上最高点大星山，站在大星山上鸟瞰全貌，两个海湾如同两轮新月，故名双月湾。

双月湾的海滩沙质柔软而细腻，除了游泳，你还可以趁着清晨柔和的阳光在海滩散步，欣赏美丽的日出，呼吸自然的海风，早上跟随渔船出海捕鱼，傍晚登高看日落，夜里在海滩边的大排档吃海鲜，欣赏绚丽的烟花，放飞孔明灯。这个三面环海、风景如画的港口小镇，就这样以其自然朴实的美吸引着世人。

由广州出发上环城高速，行驶14.1公里，进入沈海高速，再行驶11公里，往惠州方向右转进入广州绕城高速。然后在萝岗大桥朝惠州方向右转进入济广高速，沿济广高速行驶97公里进入广惠高速，沿广惠高速行驶57公里，向右转进入凌坑互通，再前行进入沈海高速。之后再从省道G324，经县道X213、县道X210，过港口大桥到达港口镇。

## 特殊路况提醒

☞沈海高速上有两个服务区，分别是广氮服务区和东湖服务区，开车累了就可以在这里休息。全程有13个加油站，不用担心加油问题。

☞从国道G324上的稔山镇至港口镇这段路，由于当地楼盘施工，因此有很多开得又疯又快的泥头车，行驶到这里的时候一定要当心。

☞全程有8处红绿灯，38处摄像头，不少路段都有流动测速仪，开车一定要谨慎小心。

## 行程安排

☞**第一天：**

广州→港口镇→中午在大排档品尝海鲜→海龟湾观海龟→大星山→夜晚在海滩放飞孔明灯。

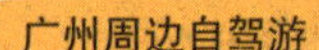


观双月湾全貌和日落的最佳地点是在大星山山顶，徒步上山需 30 分钟。

**第二天：**

租渔船出海捕海鲜→中午品尝亲手捕捞的海鲜→买特产→回广州。

租船的时候一定要和船老大讲价哦！

## 怎么玩

### 大星山鸟瞰双月湾

大星山是港口镇的大后山，免门票。它位于港口镇最南边，过了港口大桥右转沿市场一直往上走就到，是看日出日落最好的地方。西湾观日落，东湾观日出。徒步上山约30分钟，打摩的上山10分钟，来回约30元。大星山西南面有古炮台堡垒可以参观，山腰有海龟保护站，山顶上可以鸟瞰整个双月湾全貌，景色卓绝。毫不夸张地说，蓝天白云下的双月湾绝对是广东最美的海湾。尽量选择下午到大星山，游览完炮台和海龟保护基地，就可以到山顶看双月湾日落的全景，只见那霞光下的夕阳缓缓地从海平面落下，全程不过半分钟便从一颗咸蛋黄到完全消失不见，十分有意思。

## 租渔船出海捕海鲜

港口大桥旁边有数百只大大小小的渔船停靠，每天早上会有渔民来客。中型渔能坐6~8人，出海一次3个小时，150~200元。小船出海两小时100元，而大船则是600元两小时。船开到外海，渔夫会让你帮忙一起撒网，然后船继续前行，网在船下一直拖约30分钟后拉上来看捕捞结果，上下3次便结束。这不仅可以观外海风光，而且还能亲身体验捕鱼的乐趣，运气好的话，能捕捞到十几斤海虾、海蟹和海鱼，运气不好的时候也能捕够3个人吃的杂鱼。上岸后，提着海鲜到市场找大排档加工，只收加工费。

## 海龟湾观海龟产卵

海龟湾位于大星山西南部一处三面背山的小海湾之中，全长不过1公里，这块小小的海滩，居然是我国唯一以海龟为保护对象的国家级自然保护区，是中国18 000公里海岸线上海龟的最后一张产床。每年6月到9月，无数的海龟来到这里的海滩产卵，笨重的海龟在夜幕的掩护下爬上沙滩，挖坑产卵，折腾数小时后回到大海。海龟湾门票20元/人，如果有机会看到海龟产卵，请保持安静，不要打扰它。

## 生猛海鲜大快朵颐

毫无疑问，这里是吃海鲜的天下，建议到港口镇市场上的大排档就餐，能吃到野生捕捞的各类海鲜，红烧海参、白灼海虾、椒盐濑尿虾、炒海瓜子、海贝杂鱼汤、清蒸石斑鱼等，4个人吃一餐花费在200~400元，价格不算便宜，但好在新鲜和种类繁多。回程还可以在市场上渔民开的特产店买到各种晒干的海产品，店家提供免费试吃，建议货比三家。

## 畅游海滩乐无穷

清晨可以在海边散步、看日出，傍晚可以游泳，玩沙滩足球、排球，捡贝壳、捉螃蟹等，晚上在篝火边一边吃烧烤一边看烟花缤纷，休闲时光其乐无穷。最浪漫的是跟爱人在这里放飞孔明灯，在海滩小贩和市场的杂货店都可以买到孔明灯，杂货店价格要低很多。看着被海风缓缓吹向大海深处的孔明灯，赶快许个愿吧。

## 住宿推荐

海百纳东方丽景酒店：临近港口大桥，是这里最高档的酒店，卫生条件和环境都很好，房间能观海，海景房每晚420元起，网上偶尔会有活动价，140元左右，订到就相当划算。

惠州双月湾度假村：跟海百纳东方丽景在同一边，距离港口大桥较远，约500米，条件适中，价格标间每晚220元起。

双月湾丽轩酒店：在海百纳对面，价格标间每晚130元起，周末翻倍，楼下有KTV，可能会有点吵。

### Tips

1. 摄影爱好者不可错过大星山观双月湾日出日落，东湾看日落，西湾看日出。

2. 在港口大桥上可以拍摄夜景，特别是黄昏渔船回来停靠在岸边，会闪起五彩的LED灯，很漂亮。

3. 尽量在市场上的几家大排档就餐，价格不算贵，海蟹约40元/公斤。

4. 租船出海可以与其他人一起拼船，行船2~3小时，晕船者最好不要参加此项活动。

5. 市场上的杂货店都有卖孔明灯和烟花的，一般到晚上8点就关门了，应提前买好，比在海滩买价格便宜很多。

# 沙扒湾
## 碧波粼粼的天然浴场

目的地：阳江市阳西县沙扒湾　　距　离：约 306 公里
车　程：约 4 小时　　路　况：大部分为高速公路，路况较好

一直以来，马尔代夫魅力非凡，是众人向往的纯美之地。但是，很少有人知道，坐落在广东省阳江市阳西县西南部的沙扒湾，在自驾游爱好者中享有中国的“马尔代夫”之称。冲着这样的名头，沙扒湾是不是已牵动了你的心，吸引了你前往的步伐呢？

沙扒湾依山傍水，海湾沙滩呈螺旋线弧展开。包括沙扒海滨、月亮湾、青洲岛和白额岭等景点。“沙扒湾，湾似虹，沙如玉。”人们这样评价美丽的沙扒湾。秋天是比较适合去沙扒湾的季节，气候并没有那么炎热，太阳也并不那么晃眼了，正是和沙滩大海亲密接触的时候。或投入大海的怀抱，或光着脚丫在沙滩奔跑，或躺在沙滩椅上欣赏海天一色的美景，皆令人身心惬意。而最浪漫的事，莫过于在傍晚时分和爱人携手看瑰丽的日落，在夜幕下一起放飞装载着心愿的孔明灯，然后数着星星进入梦乡……

## 路书

从广州市内出发，经广州环城高速进入沙贝立交桥，沿立交桥行驶390米，在立交桥入口进入沈海高速广州支线。行驶12.6公里后，进入沈海高速，然后上匝道，进入S282。沿S282行驶22.4公里，直行进入环岛，最后抵达沙扒湾。

### 特殊路况提醒

☞在沈海高速广州支线和沈海高速旁各有一个服务区，可在此处稍作休息。

☞全程共有4个加油站：沈海高速广州支线有一处，S282有3处。若出发时油量不足，请在沈海高速广州支线的顺景加油站把油加好。

☞一路上共有20个红绿灯和22个摄像头，红绿灯集中在广州市内，请注意行车速度。全程有3个收费站。

### 行程安排

**☞第一天：**

广州→阳江市→沙扒湾→放飞孔明灯。

在沙扒湾可乘船前往青洲岛游玩。在沙扒湾赏日落也是一大美事。

**☞第二天：**

北额岭→月亮湾→回广州。

月亮湾有着深受游客喜爱的海滩，可多花些时间在此，好好享受惬意的休闲时光。

## 怎么玩

### 游泳、拾贝壳、钓鱼

即使是在秋季，和大海来一次亲密接触也是非常畅快的事儿。当然，在沙扒湾除了游泳，你也可以躺在沙滩上听海浪的声音，或者拾一下贝壳，打打沙滩排球。此外，不妨乘船前往海上小岛——青洲岛，那里的生态环境非常好，林木葱茏，碧海银滩，还设有望海亭、观潮小径、垂钓平台等。

### 赏日落

沙扒湾的日落景象非常漂亮。夕阳西下时，漫天都是燃烧的云朵，海面则披上了美丽的霞光，瑰丽绝妙，空气里似乎都溢满了浪漫的味道。随着余晖渐渐淡去，海面的色彩也不断变幻着：赤红、丹红、淡红、暗红……风吹拂着，水荡漾着，此情此景，人也就这么陶醉了。

## 品尝海鲜

沙扒的海鲜很出名，种类多样，且新鲜又便宜。一般来说，都是吃鱼虾蟹和贝壳类。沙扒湾有许多海鲜大排档。姜葱炒蟹、凉拌海蜇等，都是值得一尝的美味。当地的墨鱼饼也是著名菜色。特色小吃则包括炸番薯、椰汁、菠萝蜜等。购物街有许多海味干货可供选择。

## 北额岭鸟瞰沙扒湾

北额岭是沙扒湾新开发不久的景点，矗立于月亮湾西端。山上的主要树木为无尾松林，有很多大小不一的石头。早晨早起，开车到北额岭，可感受到大自然的原野气息。在天气好的情况下，来到山上鸟瞰，沙扒湾的全景尽收眼底，令人心旷神怡。

## 放飞孔明灯

沙扒湾秋季夜晚的天空是很有特色的，因为可以看见各式各样的孔明灯在飘荡。满天的孔明灯像星星似的一闪一闪，将漆黑的夜空点缀得十分美丽。孔明灯在海滩的小贩处就可以买到。许一个心愿，放一盏孔明灯，祝愿自己的心愿能早日实现吧。

## 住宿推荐

粤洋宾馆：位于沙扒湾旅游景区中心位置，具体地址在沙扒湾海滨大道2号、3号，它是按准三星级标准建成的宾馆。标准双人房在平日为170元，周末为200元。

晓港湾宾馆：位于沙扒镇环城路81号，东面临近沙扒湾，步行只需两分钟就可到达海滩。豪华双人房门市价为680元。

此外，去沙扒湾可选择住民宿，与宾馆酒店相比，不仅价格便宜，而且还能领略一下小镇居民的生活习惯和情趣。

### Tips

1. 月亮湾距离沙扒湾3~4公里，乘车10多分钟即可抵达。月亮湾门票是20元/人。

2. 在沙扒有快艇去青洲岛，费用为78元/人，含来回船票和登岛费用。

3. 在沙扒湾众多的大排档中，“兆仔大排档”的口碑挺好，不妨前去试试。

4. 沙扒湾可以放飞孔明灯，但需要注意的是，在沙扒镇内是严禁燃放孔明灯的，违者将追究法律责任。

5. 在旅游旺季，沙扒湾的近海酒店和海边度假屋很难订到，建议提早预订。

6. 在沙扒湾旅游时，应尽量少带现金，现金应贴身保管。

7. 在东升路购物街有琳琅满目的海味干货，不妨买些带回家。由省道S282可直接到东升路。

# 乳源大峡谷
## 广东最美丽的伤痕

目的地：乳源县乳源大峡谷　　距　离：约 335 公里
车　程：约 4 小时 30 分　　路　况：大多为高速，有 70 多公里盘山公路

乳源大峡谷又名粤北大峡谷，自北边乳源县西南方的大布镇起到英德市的石牯塘镇共15公里。大峡谷形成于一亿三千万年前，被人称为“广东地貌一条美丽的伤痕”，同时也是粤北山区两大看点之一。然而，相对于另一个看点——声名在外的丹霞山，乳源大峡谷由于道路不畅、开发晚、发展慢，很少有人知道，去过的人也就更少了。但是，那种雄、奇、险、秀，却是美得惊心动魄，让人不虚此行。

大峡谷离大布镇约4公里，四周是一马平川的乡野，大峡谷仿佛大地被撕裂了一般，毫无过渡、突兀地出现在了眼前。大裂谷长15公里，深约300米，整个峡谷浑然天成，沟壑纵横，怪石嶙峋，瀑流奔腾。每一块岩石，每一株树木，每一撮泥土都在努力勾勒着大峡谷的险要与壮阔。顺着倾斜50°角的天梯拾阶而上，峡谷秀美的风光尽收眼底，1 386级的石阶，便是1 386次心跳体验。

## 路书

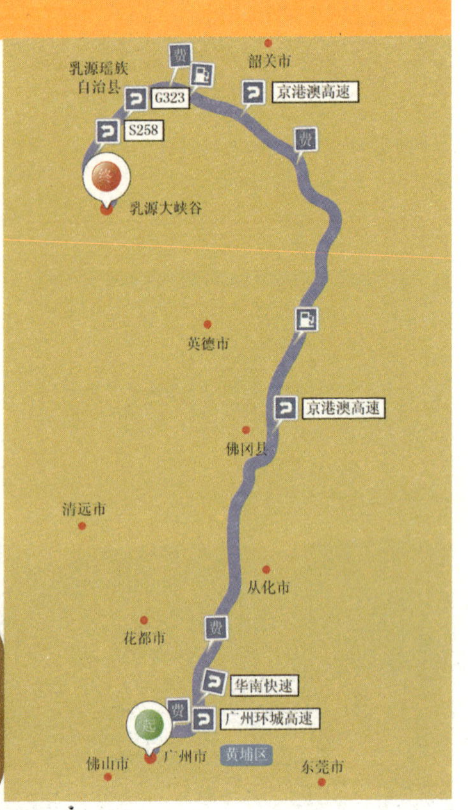


从广州出发，经广州环城高速上华南快速，沿华南快速行驶13.4公里右转进入京港澳高速。沿京港澳高速行驶126公里，在大镇立交桥处上匝道。然后经匝道上省道S347，之后再上匝道，从匝道继续驶入京港澳高速。再经省道S252后，经乳源县的北环中路、北环西路和金狮南路进入国道G323，经省道S258后抵达乳源大峡谷。

行车路线：

广州—华南快速—京港澳高速—国道G323—省道S258—乳源大峡谷

### 特殊路况提醒

☞从广州到京港澳高速这段路一共有200多公里，高速公路需缴费165元。下京港澳高速后，有70多公里的盘山公路，差不多需要2小时，路面以水泥柏油路为主，个别路段为沙石土路。沿途大小400多道弯，风景优美但路狭弯急，建议以安全为重，不要停车观景。

☞也可以从广州经英德石牯塘到大峡谷，全程230公里左右。但是，目前英德路段的路况很差，所需时间很多，建议还是走京港澳高速。

☞京港澳高速和北环西路上各有一处加油站，全程一共有8处红绿灯和21个摄像头，请谨慎驾车。全程没有服务区，所以建议出发前休息好，不要疲劳驾车。

## 行程安排

**第一天：**

广州→乳源大峡谷→游大峡谷→乳源住宿。

大峡谷没有人文景观，都是自然风光，大半天的时间就能欣赏完了。景区有4条游览线路，车友不妨参考一下。中午建议自带干粮，晚上到大布镇吃饭，到乳源住宿。

**第二天：**

上午继续游玩，中午从乳源返回广州。

# 怎么玩

## 赏高空杂技

进入谷口广场站在观景台处，可以欣赏到高空杂技。杂技团的表演者会骑上摩托车或脚踏车，在横跨300米、高200多米的钢线上做出各高难度动作，如高空飞人、蝶扇舞。脚下就是万丈深渊，这种亡命表演直叫游人捏一把汗。

## 观空穴飞瀑

水到峡前必成瀑，乳源大峡谷突兀的地陷式构造特点，造就了气势磅礴、飞流直下三千尺的瀑布。原本平静的大布河从东南蜿蜒流至西北，到了这个大窟窿突然腾空，一泻而下，落差极大，简直超越了广东境内所有瀑布，形成了大峡

谷底部处处飞瀑挂帘的奇观。站在观光的水渠上，整个峡谷尽收眼底，谷底有清潭，清澈见底。秋天水量充沛时，随天梯下到谷底临潭望瀑，缥缥缈缈，那一潭碎玉，一壁深青，水汽升腾，雾气蒙蒙，如仙境一般美妙。

### 穿行栈道，寻谷觅踪

大峡谷无疑是徒步者的天堂，这里有一条坡度约50°斜角的1 386级通天梯，由大峡谷的高处，一直到达谷底。行走于谷底，步移景异，谷内苍松、翠竹、岩壁依然兀自孤立，鸟影闪烁，溪流小潭明亮自然，栈道铁索桥穿梭整个景区。这片神秘的峡谷全长15公里，如今只开发了5公里，普通游客可以由上面建议的四条线路寻谷觅踪。但对于探险者来说，剩下10公里未开发的山谷更充满了魅力，从乳源到英德，白天跋山涉水，夜晚支起帐篷，听着溪水声入睡，挑战了身体的极限，才能够达到天人合一的境界。

## 住宿推荐

大峡谷无住宿，大布镇住宿条件不好，不推荐，可到乳源县城住宿，一般一百多块钱可以住到不错的酒店。

方圆民族宾馆：位于乳源县鹰峰西路50号，环境不算特别好，价格较便宜，标间每晚150~200元。

乳源小岛饭店：位于乳源县解放北路2号，环境适中，服务态度较好，标间每晚150~200元。

白云天酒店：位于乳源县鲜明南路1号，是县里最好的酒店，环境和服务在县里面都是顶尖的。价格较贵，标间每晚300~400元。

### Tips

1. 乳源大峡谷门票为65元/人，门票包含了高空钢丝表演的观看费用。开放时间是8:00—17:00。

2. 景区内无住宿，餐厅不方便，请自备干粮，景区内有小贩售饮料，但较贵。而大布镇上有不少以淮扬菜和客家风味菜肴为主的餐厅，其中以风味餐厅、河蚌餐厅质量相对好些。爆炒坑螺、龙归冷水肚、炒酸笋、冬菇、马坝油粘米、白毛茶可细细品尝。

3. 下京珠高速后是70多公里的盘山路，路况较差，应注意安全。

4. 在景区内游览记得携带防蚊水、防晒霜。

5. 如果要住宿，记得要带上足够的衣服，大峡谷夜间气温比较低。

# 杨池古村

## 风雨深处自悠然

目的地：封开县杨池古村　　距　离：230 公里

车　程：约 3 小时 40 分钟　　路　况：大部分为高速公路，路况比较好

秋季是个怀旧的季节，不必眷恋城市里的灯红酒绿，不必向往大海的激情澎湃，那些隐藏在山岭之中、泛黄的古老村落，也许更能寄托你的秋季情思。这个时候，杨池古村或许是个不错的选择。

杨池古村坐落在广东省封开县罗东镇，是一处具有时代特色的古代民居。明末，叶氏先祖为避祸乱，南迁岭南隐居山乡，子孙繁衍生息，开枝散叶，在这一片世外桃源里安寨扎营，建立起杨池古村。如今的杨池古村，经历了400多年的风吹雨打，经历了时代的变迁，仍然保持着她独特的韵味，释放自己古老而神秘的风采，因此得以冠上“天下第一村”的美名。

徜徉在杨池古村里，她那种历经岁月洗礼后的沧桑感会深深地吸引你。整村是典型的明清建筑风格，龙脊飞檐古意盎然，村落的外围虽然有了些现代楼房，但村内的古屋仍保存完好，整村依山势而建，错落有致，小巷通幽处豁然开朗，上几级石阶，一汪池水残莲几片，杨柳低垂，池鸭凫水，岸畔数株滴水观音巨叶舒展，颇有些南国水乡的韵致。

## 路书

行车路线：

广州市—沈海高速广州支线—二广高速广州支线—广州绕城高速—省道S368—国道G321—杨池古村

从广州出发，上沈海高速广州支线，行驶7.2公里后进入二广高速广州支线，接着再进入广州绕城高速。沿着广州绕城高速行驶5.9公里，朝肇庆/云浮方向右转进入广昆高速。之后沿高速行驶102公里左右，直行进入省道S368。行驶24公里后，过德庆西江大桥，进入省道S352。最后过甘塘，右转进入国道G321，再通过县道X427、县道X817到达杨池古村。

## 特殊路况提醒

☞本线路主要有7个路段、4个收费站。主要是4段高速路上，有17个红绿灯，所以一定要小心驾驶。另外，高速路上虽然车速可以提高很多，但还是要谨慎驾驶，不要随意超车超道。

☞本路段一共有6个加油站，其中沈海高速广州支线和广昆高速路上各1个，其余都集中在G321国道上，所以路上基本不用担心加油问题。另外有3个服务区，沈海高速、二广高速和广昆高速路上各一处，中途如果感到疲劳，可以在服务区稍加休息。

☞路况普遍较好，但是进入省道和县道后弯道比较多，路况没有高速路理想，所以要特别注意一下，尽早适应。在离杨池古村200米左右，看到杨池古村木牌，这时一定要继续直行，切勿左转行驶。

## 行程安排

### 上午：

广州→杨池古村。

从广州出发，到了杨池古村基本上就是中午了，附近有些新建的房子，那里有饭店，可以在那里吃了饭再去逛古村，豆腐、青菜、河鱼都有。

### 下午：

逛宗祠，古宅院落→访名人→游览古老钱庄、炮楼→参观旧时书室→回广州。

# 怎么玩

## 逛宗祠及古宅院落

进入村口，就可以看见一个方形泉眼。泉眼名叫盈泉，水平石沿，泉质清亮，有一竹舀立于泉边，掬泉洗面，通体舒畅。转过池塘，为叶氏大宗祠，三进合院式砖木结构，屋顶雕塑内容丰富、形式精美，封檐木雕繁杂，内墙上绘有山水壁画，左右墙面上有八个大字：团结紧张，严肃活泼。左侧室放有当地家居物品及农具。厚重古旧的大门上写有："永远忠于毛主席。"二进梁悬嘉庆年间所赐匾额：封门望族。三进中有神龛，厅左放置娶亲花轿一乘，右有敕封匾额若干，但是石阶有些坍塌，墙体亦有裂纹。村民居住的房子都属于两进或三进院落，屋脊门楣均有灰塑彩雕，青砖高墙，进大门处均有木质屏风，堂屋多有神龛

或中堂，屋屋相连，间或有小门出入，或在墙角处做小屋堆放柴火。高墙幽巷，行走其中，如入迷境。

## 游览古老钱庄、炮楼

杨池古村最为独特的建筑就是钱庄了，就在距离叶老的小院不远处。钱庄以麻石为基，青砖立墙，墙壁上开有厚重条石砌就的小气窗，间隔粗钢筋。4个气孔间依旧是毛主席语录：没有正确的政治观点就等于没有灵魂。钱庄为乡绅所建，放贷收息，虽身处深山亦远近闻名。另外，在这里还可以看到古代的验钞机，这对于现代人来讲是很新奇的。

打仗用的炮楼也别具特色。在民国时期，为防匪患，村东西两端均建有炮楼，现已坍塌，荒草蔓生，断壁残垣，但枪孔依旧。草丛中散落着数十只酒瓮，但酒香不断，却徒增了一些沧桑的味道。

# 住宿推荐

古村一天即可游完，建议去封开县城住宿，旅店大多比较便宜，每晚100元左右。

如果一定要在这里留宿的话，也可以自己带上帐篷等相关户外必备品，来这里露营。

如果以上两者皆不选，也可以跟村里的农民商量，就在村里找户人家留宿，还可以吃到当地的农家饭菜，至于价钱，自己去谈就可以了。

### Tips

1. 想吃水果，如果你运气好，在村口有行进古村牌坊，数株棠梨老树下有老妪售卖小米蕉。

2. 逛完了古村后，回到封开县，你可以在此尝到当地的特色美食：杏花鸡、莲都羊肉、封开大芥菜、贺江河鲜、罗董牛肉、车陂腊味、连州菜心。

3. 可以在封开县买一些当地的特产山果带回家或赠送给朋友，封开油栗、野生山核桃、麒麟李子都是不错的选择。

4. 如果在这里还玩儿得不够尽兴，还可以到附近的封开大斑石、千层峰、白石岩、双龙洞、莲都十里画廊去游玩，这几个景点的距离都不是太远，只要时间比较多，精力比较充沛，这条游玩路线还是可以完成的。

# 黑排角
## 秋日里的徒步时光

目的地：惠州市“黑排角”海岸线　　距　离：约250公里
车　程：3小时左右　　路　况：有一段乡村公路

“黑排角”海岸线位于广东省惠州市惠东县平海镇，全长约15公里，因礁石成蓝黑色且有少许黑色沙滩，被驴友取名为“黑排角”，又因其起点位于惠东的西冲村，也被称为“惠东西冲海岸线”。

厌倦了城市里的浮华与烦躁，不妨到这清凉的海岸边走一走，徒步在黑排角海岸线沙滩上，听着海浪拍打礁石的欢快声响，感受小浪花亲吻着脚丫的欢快。放眼望去，无垠的大海在眼前无尽地延伸，延伸，平日里工作的压抑和烦忧，生活里一些小小的不愉快全都消失殆尽，你所要做的就是沉醉在这无限的宽广之中……

从广州出发，出广州市后进入济广高速。行驶97.1公里，进入广惠高速，朝福州/G15汕头方向，进入凌坑互通进入沈海高速。在白云互通朝稔山/G324方向稍向左进入G324，行驶2.7公里，朝稔山/巽寮方向稍向左转。继续沿G324行驶10.1公里，向右转进入X213。沿X213行驶8.5公里，到达铁涌镇。从铁涌镇再往东行驶40分钟到达统一的宿营地，这里就是黑排角海岸线的起点。

## 特殊路况提醒

☞沿途有6个收费站，主要集中在6个主要路段上的高速收费口。有8个红绿灯，主要集中在广州市内。有38个摄像头，主要是广州市内以及高速路上限速摄像。不要随意超车，注意安全驾驶。

☞途经两个服务站，广州环城高速和沈海高速路各有1个，要是开车有些疲劳，可以在服务区稍作休息。有10个加油站，主要分布在广州市区以及G324国道上，所以不用担心汽油补给问题。

☞从铁涌镇到达宿营地是乡间公路，不是很好走，所以要提前作好心理准备。

## 行程安排

**第一天：**

广州→铁涌镇→黑排角海岸线。

从广州到铁涌镇几乎是中午了，可以在铁涌镇吃午饭。然后在这里补给食物、水或者相关装备，再行驶 40 分钟到一个统一的宿营地，这也是黑排角海岸线的起点。然后搭好帐篷，准备晚餐，好好休整，准备第二天徒步穿越之行。

**第二天：**

宿营地→穿越黑排角海岸线→双月湾→坐车回到宿营地→回广州。

从宿营地到双月湾就是黑排角的穿越线，所以开车去的话，就把车停在宿营地，穿越结束在双月湾乘坐大巴车回到原地，可以顺便在车上休息一会儿，然后开车回广州。

# 怎么玩

## 徒步穿越

徒步穿越这么长的海岸线是一种浪漫，也是一种挑战。既然是徒步穿越，那么提前准备徒步装备肯定是很有必要的。装备：双肩背包、快干衣裤或休闲

服、登山鞋/徒步鞋、手套（防石头刺手）、太阳帽、太阳镜、雨伞、防晒霜、相机。食品：香肠、八宝粥、面包、水果、牛肉干等干粮和水。开始的一小段路上的石块比较锋利，所以要带好手套，防止划破皮。在秋高气爽的日子，听着海浪击打礁石的欢快声以及从耳边呼呼而过的海风，踩在软绵绵的白色或黑色沙滩上，放眼望去，碧蓝色的天，湛蓝色的海，黑褐色的礁石，无不是一种享受。还可以选择自己喜欢的地方，用相机留下自己最美丽的笑容。

### 沙滩拾贝

平时在各大商店能看到那些用贝壳制成的各种纽扣、胸针、发夹、项链等装饰品，也看到很多用各种贝壳制成的风铃。现在，却可以自己亲自走进海滩，像孩子一样埋首于那些五颜六色的贝壳中，体会孩提时向往的那种纯真和烂漫。即使叫不出来每种贝壳的名字，但拾得一些，带回去赠给友人或留作纪念都是很不错的。

## 住宿推荐

一般去黑排角穿越的车友都会自带帐篷在宿营地集中扎营，顺便还可以体验一下野营的乐趣。

如果不准备去露营的朋友也可以在离铁涌镇100多米的铁涌酒店住1晚，价格120元左右。电话：0752-8356116。

### Tips

1. 如果海浪太大的时候，不要靠近海边，以免被卷走，应注意安全。

2. 备用的东西一定要带够，防止需要的时候找不到。具体装备见“怎么玩”中徒步穿越装备准备。

3. 黑排角穿越线其实是有一定的危险的，要爬怪石、翻山、钻洞子，而且有岔路，单独去的话很容易迷路，所以不建议单独出行，最好是跟团或者跟一些户外领队走。

4. 露营的朋友一定要提前看一下露营须知，包括怎么选择地方、需要注意的事项、特殊情况如何应对等。提前做好功课，才不会在出现状况的时候手忙脚乱。

# 英西峰林走廊
## 抛开尘世繁华，尽享田园风光

目的地：英德市英西峰林　　距　离：约150公里
车　程：2小时30分钟　　路　况：绝大部分为高速公路，路况良好

四川寻峨眉，安徽觅黄山，湖南游张家界，广西看桂林……几乎每个省都有其代表性景点。然而，“广东无山水”却成了驴友们的口头禅。不过，尽管广东缺乏名震天下的大景，却不乏深藏闺中的小景。英西峰林算是广东众多小景致中最宏大的一个。

英西峰林位于英德市西南部的九龙、黄花两镇之间，20公里的喀斯特地貌连绵不绝，上千座石灰岩山峰组成了广东最密集的峰林游廊，有“南天第一峰林走廊”的美誉。这里的山势雄伟，山峰千姿，潺溪穿绕其间，岩洞神秘，怪石嶙峋，竹林、农舍星罗棋布，点缀其间。英西峰林有小桂林之称，虽无桂林泼墨山水的朦胧意境，却胜在没有人工的雕琢，没有观光客的拥挤，没有商业化的收费景观，有的只是那浓郁的乡土气息，盎然的田园风光，朴实耕作的农民，路边随风摆动的野菜野花和挂满枝头的桑葚。

## 路书

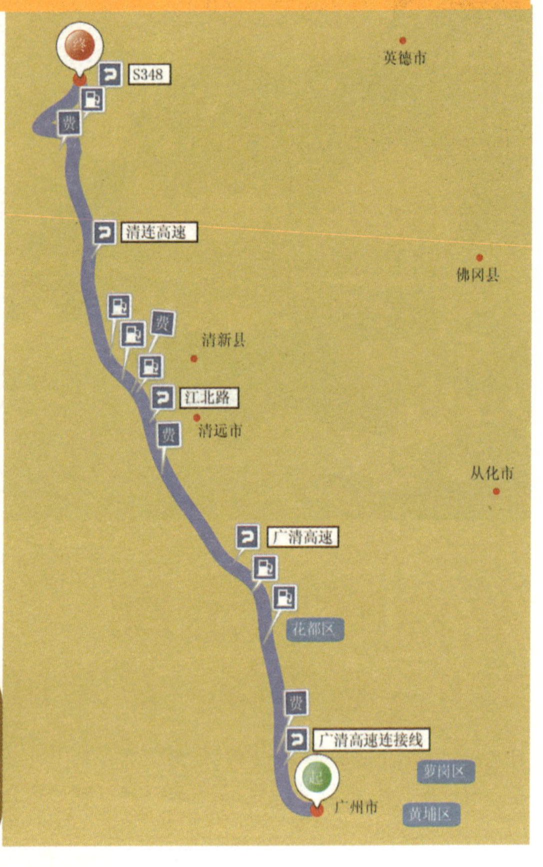


从广州出发，沿广清高速公路行驶60.3公里进入清远市。在清远沿江北路行驶进入清连高速，一路向北行驶45.8公里至九龙/浸潭出口离开到英德九龙镇。总路途约150公里。

行车路线：

广州—广清高速—江北路—清连高速—省道S348—九龙镇

### 特殊路况提醒

☞广清高速上有狮岭服务区、新华服务区可供休息。此外，全程共有6处加油站，分别在广青高速、清连高速和省道S348上。全程共有18个红绿灯和8个摄像头。

☞江北路在清远市区，不是高速公路，路况有点差，限速80公里。清连高速上的测速点很多，限速110公里，这两处都要小心驾驶。

☞清连高速不能直接上省道S348，要经过五一立交桥，由九龙/浸潭出口离开上匝道，左后方转弯进入S114，行驶约1.1公里，左前方转弯才能进入省道S348。路牌很清晰，很好找。

## 行程安排

**第一天：**

广州→九龙镇→穿天岩（洞天仙境）→千军峰林→荣强小桂林→宿九龙镇。

九龙镇的荣强小桂林、千军峰林一带，下午能看到壮观的日落。

**第二天：**

九龙镇→黄花镇（明迳）→永丰古桥（小赵州桥）→永丰古庙→和顺岩→观音谷→老虎谷暗河漂流→岩背镇→回广州。

观日出的最佳点在永丰古庙后面的山坡上，山下一片农田及河流，可拍下壮丽的日出景色。第一天可将车停在九龙镇，第二天开到黄花镇上再到周边景点游玩，然后再开到岩背镇游玩周边景点。

# 怎么玩

## 徒步峰林，攀岩石壁

英西峰林是广东十大户外徒步探险圣地之一。走进英西峰林，仿佛走进一幅田园画卷，最好的景色都在路上。穿过乡间小路，随处可见农民在割稻晒谷，说不定还能买到便宜好吃的花生。这里的一切都很淳朴，对于在大都市忙碌的人，这里就是恬静、愉快的世外桃源。英西峰林的精华都在徒步的路上，强烈推荐去荣强小桂林、千军峰林、穿天岩（洞天仙境）、永丰古桥。切记日落时分一定要在千军峰林下的虎迹岗村或红珠石村，你会看到夕阳斜照群峰，牛羊悠然自得的景象。

除了徒步，攀岩也是不错的玩法。英西峰林的石灰质岩石非常适合攀岩，所以从2002年开始，就有不少的广州攀岩爱好者到英西峰林开发攀岩线路。如今的英

西峰林有30多条攀岩线路，大多集中在黄花镇周围。建议跟随专业的攀岩俱乐部，在专业人士的指点下攀岩，不要独自进行。

## 坐船游览穿天岩

穿天岩又称洞天仙境，在九龙镇以西2公里处，过九龙镇中心小学往前走第一个大路左拐便是。穿天岩其实是一个有溪流穿山而过的岩洞，光线从洞中穿孔透入洞中，洞中有钟乳石、茂盛的阴生植物和一个绿洲，可以坐船进入山洞中欣赏，门票60元。

## 赏永丰古桥、彭家祠

永丰古桥又称小赵州桥，从黄花镇的黄花公园往前走就可以看到，这是一座长满青苔野草的小石桥。古桥不远处有一座永丰古庙，古庙上有一小山坡，面对正东方，清晨爬上去可观日出与群峰、农田互相辉映的盛景。走过古桥一会儿，会看到一个大池塘，池塘旁边是几座几乎废弃的黄色大瓦房，瓦房经过岁月的冲刷带有一些白色。如果早上过去，这里处于顺光位，池塘里倒映着蓝天白云和黄中带白的大瓦房，远处是高耸的群峰，一幅极其优美恬适的田园画卷便展现在眼前。

位于黄花镇约1公里的彭家祠，是彭氏为抵御土匪依山而建的村寨，现在已经荒废没人居住，门票40元。不过，观赏彭家祠的最佳位置不用入内，可以在河对岸观景，除了尽观村寨全貌，还可以在附近山上观农田及群峰。

## 住宿推荐

英西峰林住宿一般在黄花镇和九龙镇上，平时可以讲价，节假日价格翻倍。如果要看日出，建议宿黄花镇。

黄花宾馆：在黄花镇三渡桥，干净舒适，双人房250元左右。

九龙迎宾馆：九龙镇九龙大道83号，标间价位150~250元。

### Tips

1. 英西峰林的景色受天气影响很大，建议晴天游玩。峰林在蓝天白云下更显其秀美多姿，但别忘了涂防晒霜，以免被晒伤。

2. 到了九龙镇，不要错过这里的豆腐和煲仔饭，绝对比城里的好吃几倍。

3. 景点除了穿天岩（60元）、彭家祠（40元）、老虎谷暗河漂流（180元）外都免费。若进入部分未开发的岩洞，当地农民可能会收10~20元的管理费。

4. 老虎谷暗河漂流（180元）在黄花镇5公里外，是暗河漂流，游玩要注意安全。

5. 摄影爱好者不可错过在永丰古庙山坡上看日出，在千军峰林下看日落。

6. 如果不想驾车，可以将车停在九龙镇，租赁单车游玩。单车一般每天20~30元。

# 南岗瑶寨
## 古老瑶家的千年风情

目的地：连南县南岗镇瑶寨　　距　离：约235公里
车　程：约3小时20分　　路　况：大多为高速公路，路况很好

南岗瑶寨坐落于广东连南县南岗镇附近的连绵群山之中，始建于宋代，1 400年的风吹雨打并没有让瑶寨泯灭在历史的尘埃之中，反而历久弥新，以沧桑而风情的姿态迎接世人的目光。南岗瑶寨是全国规模最大，也是历史最为悠久的瑶寨，有着“中国瑶族第一寨”之称。寨内的瑶民主要分为“邓、唐、盘、房”4个氏族，共有200余人以及300多栋建自明清时期的古建筑。虽然这些古建筑历经风霜，但并没有破败，依然保留着最原始的风貌。

走进南岗瑶寨，一股时空错乱的感觉随之而来，那古老的建筑、沧桑的石板路、斑驳的寨墙，无一不在细语着过往的故事，而瑶民质朴的脸庞，鲜艳而极具特色的服饰，更是把你带入了那个遥远的时空中。瑶寨依山而建，一仰头便可看见青砖黑瓦，层层叠叠的房屋，它们错落有致地散布在山上，由一条条石板道相连。周围青山环绕，溪水潺潺，景色秀丽异常。

## 路书

从广州出发，出城后上广清高速，沿着广清高速行驶60.3公里进入清远市的环岛，沿环岛行驶90米后进入江南北路。沿江南北路行驶1.6公里，直行进入省道S114，然后再经过江北路、清和大道后上清连高速。沿着清连高速行驶135.9公里后上匝道，沿匝道行驶640米，左转进入省道S261，然后经县道X397便可到达南岗排。

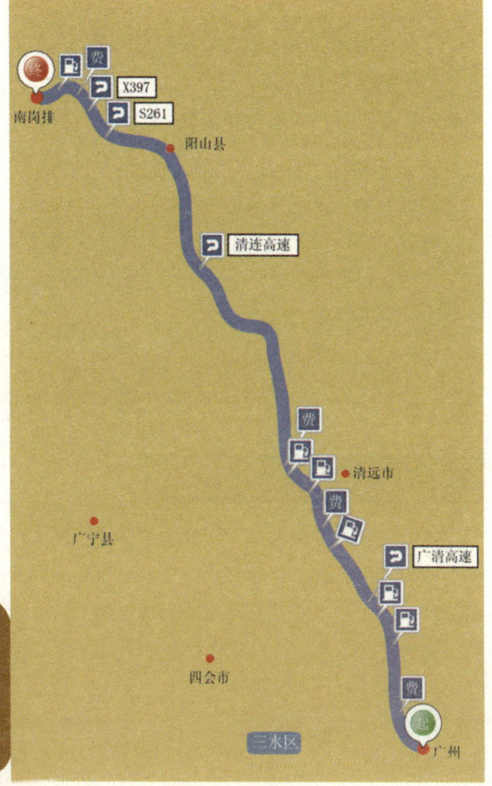


行车路线：

广州—广清高速—清连高速—省道S261—县道X397—南岗排（南岗瑶寨）

### 特殊路况提醒

☞从广州到南岗瑶寨，一路上基本都是高速公路、省道和县道，路况很好；共有4个收费站，广清高速上有3个，清和大道上有1个。一共有18个红绿灯和10个摄像头。行驶的时候注意车速，虽然路况可以让车速上100公里每小时，但最好不要随意超车或行驶过快。

☞一路上共有6处加油站，广清高速上有2处，清连高速上有4处，广清高速上有2处服务区，驾车疲倦后可以停靠休息。

☞因为瑶寨坐落在海拔803米的山上，所以汽车会顺着盘山公路上山，注意谨慎驾驶。停车场在瑶寨景区内部，如果是旺季，寨内的停车场通常没有停车位，所以只能停在外面的盘山公路上。

## 行程安排

### 上午：

广州→南岗瑶寨→品尝瑶族美食。

早上出发，到瑶寨差不多 11 点了，正是吃午饭的时间。此时一定要在瑶寨内品尝瑶族美食，肯定会让你赞不绝口。

### 下午：

游玩瑶寨，赏瑶族风情→回广州。

瑶寨不大，只有一百多亩地，如果走马观花似的匆匆走一遍，那么就得不偿失了，一定要慢慢玩儿。其中石棺墓很有特色，一定要看看。

## 怎么玩

## 品瑶族民居魅力

顺着层层的石板路往上，便来到了寨子的大门前，大门也是由石头垒成，透着古朴的气息。大门口通常会有穿着民族服装的沙腰妹（未婚女青年）端着米酒迎接客人。这些米酒都是瑶寨的人自己酿的，味道还不错。进入大门，一股浓郁的瑶族风情迎面而来，让人有恍若隔世的感觉。整个瑶寨依着山势而建，建筑呈阶梯状层层拔高，密密麻麻却丝毫不显乱。瑶寨中间有一条主干道，这是一条宽大的石板路，穿过瑶寨延伸到山顶。而各民居之间则由窄巷相连，如果在高空俯瞰，如同蛛网一般。瑶族民居的外墙清一色都是用石灰拌沙砌成的青砖垒就，顶上覆着黑瓦，飞檐重角。虽然有着一千多年的历史，却依然能看到它当初的辉煌。

## 欣赏瑶民风情

除了民居，瑶寨的另一大特色就是瑶民风情了。瑶民们身着艳丽的民族服装，脸上总是洋溢着笑容。沿着巷道前行，会看到不少姑娘在自家门前刺绣，凝神屏息，一针一线，虽然使的并不是古老的针线手法，却依然不失风情。如果运气够好，还能听到瑶族女性站在寨子边上，朝着大山唱山歌，歌声清丽嘹亮。

到了晚上，寨里还会点燃篝火。沙腰妹唱着瑶歌，瑶族阿贵（男青年）跳着长鼓舞。如果有兴趣，不妨加入他们，度过一个愉快的夜晚。

## 品尝瑶族美食

那家家户户门口挂的黄澄澄的腊肉、腊鸭，是否已经成功地勾起了你的食欲呢？来到千年瑶寨，瑶族美食是万万不可错过的。虽然南岗镇内有很多瑶族风味的饭馆，但怎么比得上瑶寨内的食物来得原汁原味呢？美食历来就少不了风景的陪衬。

瑶寨内有一座公社食堂，在这里可以尝到最地道的瑶家菜。比如，用传统方法放养的走地鸡，肉味鲜嫩；用五花肉烟熏秘制的烟熏肉，香而不腻；更不用说那瑶民自酿的酒了，清香扑鼻，后劲十足。不过人多的时候，上菜速度会比较慢，所以吃饭一定要赶早。

# 住宿推荐

虽然南岗瑶寨距广州只有3个多小时车程，一天便可打个来回，但也可留宿一晚。因为瑶寨建在山上，周边的旅店很少，如果要入住县城的酒店则太远了。此时，不妨入住瑶寨人家。瑶族人非常好客，一般不会拒绝投宿的请求，价格也很好商量。

**Tips**

1. 瑶寨的门票是每人50元，停车费也要10元，在网上购票会有一定的折扣。

2. 瑶寨人家门口挂的腊肉、腊鸭是可以出售的，价格可以商量。猴头菇、油茶等也是瑶寨特产，这些在瑶寨内的地摊上就能买到。此外，瑶寨内的地摊上还能买到一些不错的手工艺品，如戒指、耳环等，都是用白银打造的，很有特色。

3. 瑶族人淳朴好客，所以不要放弃和他们合影的机会，他们一般都不会拒绝。

4. 爱好摄影的朋友如果想要拍摄瑶寨的全景，可以到瑶寨对面山上的观景台，那里可以完整地欣赏到瑶寨的全貌。

# 东西冲

## 放飞心情，来一场最美丽的徒步

目的地：深圳东西冲海岸线　　距　离：约 215 公里
车　程：约 3 小时 20 分　　路　况：大多为高速公路，路况很好

阔别了和大海激情嬉戏的夏日，在天高气爽的秋季，来一次徒步毫无疑问是一种不错的旅行方式。那么，背上行囊，和东西冲来一场约会吧。

深圳大鹏半岛的尽头坐落着两个安宁的小村——东冲村和西冲村。东冲、西冲也称为“东涌”“西涌”。它们都依偎在七娘山脚下，面朝大海。东西冲海岸线十分美丽，时而水清沙白，时而草木葱茏，时而黑礁岩石，时而石桥深洞，时而山峦起伏。的确，东西冲海岸线是十分适合徒步旅行的，特别是对于入门级的徒步爱好者来说，这里更是个不可多得的好去处。路途中变换的景色令人耳目一新，和朋友一起听海浪唱歌，一起看水鸟飞翔，一起站在山岩上拥抱蓝天，一起在沙滩上讲述青春的故事。这样的周末，既锻炼了身体，又能在海角留下难忘的欢声笑语……

从华南理工大学上沈海高速，沿路一直到鹤洲立交左转，再过塘头立交进入机荷高速，直行到排榜立交右转入盐排高速。过梧桐山道立交左转入盐坝高速，沿路行驶到从坪山/龙岗/南澳/大鹏出口离开上匝道，沿着匝道转弯进入省道S359，穿过雷公山和迭福山隧道后左转，在分岔路口右转入坪西路，沿着省道S359一路到底就到达西冲村。如果想去东冲村，在S359与Y249交会处转入Y249，沿路下去就能到达东冲村。

## 特殊路况提醒

☞途经溪涌隧道、雷公山隧道和迭福山隧道时小心驾驶，若是雨天，应注意防滑。

☞中途有4个加油站，盐排高速下有荣达服务区。

☞全程一共有47个摄像头，39个红绿灯，测速较多，驾车时不要超速。

☞西冲村路段较为拥堵，行车时要小心。

## 行程安排

☞**第一天：**

广州→东冲/西冲→搭帐篷→海滩钓鱼、抓海鲜→烧烤→露宿。

驾车时间比较长，所以到了西冲村差不多也中午了，建议出行的时候准备好干粮，以便中午充饥。

**☞第二天：**

收拾行李→徒步穿越东西冲→乘车返回西冲村→回广州。

因为要徒步穿越，所以前一天把车停在西冲村，第二天徒步到东冲村，再乘坐客车或者的士返回西冲村。

## 怎么玩

### 》海边拾贝、钓鱼

东冲和西冲都有海滩。西冲海滩较大，服务也更为周全；而东冲海滩虽然小一些，却更为纯净清爽。拎着袋子，在沙滩上寻找美丽的贝壳，抓四处隐藏的螃蟹。爱好钓鱼的朋友也可以拿起鱼竿在海边一展身手。奔跑在细细软软的沙滩上，蹲起抓一把沙看它在指缝间流下。当然，如果想要脱掉衣服和大海来一次亲密接触，也是一个不错的选择。

## 徒步穿越东冲、西冲

来东冲和西冲，要玩的就是徒步穿越。沿着海岸线走过巨大的、细碎的礁岩，越过细窄的山道，攀过陡峭的岩壁，一路上海天交融的风景令人心旷神怡，灌木丛林青翠深幽，泉水清澈明亮，海风吹在身上好不惬意。如果从西冲海滩出发，先经海岸线，路过穿鼻岩、贵仔角，再爬山路，到达东冲海滩。从东冲出发则相反。当完成了穿越，虽然满身疲惫，却是满心的成就感，在终点享受着海浪的洗礼，只觉得舒畅无比。

## 住宿推荐

东冲和西冲附近有多家度假酒店、民宅住宿。

Face To Face度假屋：位于深圳南澳东涌街31-32号，整洁干净，双人间每晚120元起，电话:15920000399，0755-84420666。

西涌向日葵民宿地址：深圳市大鹏新区南澳西涌新屋村48号（沙滩4号入口处）。环境不错，装修比较精致，双人间每晚138元起。

深圳西涌大自然客栈：位于龙岗区南澳街道西冲新屋村1号，是一栋4层半的楼房，家居用品一应俱全，双人间每晚180元起。

### Tips

1. 由于路上碎石满地且路面不平，建议带上登山鞋或者防滑鞋，穿凉鞋、皮鞋、高跟鞋会比较危险。走海岸线时要一步一步地小心走，以防扭到脚。

2. 许多地方比较难爬，带上手套十分必要，而且还可以用来抓螃蟹。

3. 一路上没有遮阳的地方，建议带上帽子、墨镜和防晒霜。若是阴天出行会比较舒服。

4. 沿线有5个补水站，水果、蔬菜、水的价格是平时的两三倍。

5. 穿越路线3~5小时可以走完，建议10人左右的队伍，相互帮助和照应。

6. 带上垃圾袋，不要在路途中随手丢弃垃圾。

7. 在海滩上上厕所和冲凉都需要付费，一般上厕所1元，冲凉5元。

8. 西冲海滩需门票15元，潜水2小时300元。

# 粤闽环线
## 客家风情与海上风光的浪漫之旅

| 目的地：粤闽环线 | 距　离：约1 560公里 |
|---|---|
| 车　程：16小时左右 | 路　况：大多为高速公路，路况很好 |

金秋十月，难得的7天假日里可以进行一次粤闽环线旅行。自驾经过广东和福建两省，慢悠悠地驾着车子，尽情领略沿路的风光，这将会是一次浪漫无比的舒心之旅。

在梅州长潭可以游船饱览湖光山，在山庄里过上舒适的一夜。到了永定土楼，可以体会到客家人的无穷智慧，沉浸在土楼带来的震撼和感动中。前行到厦门时，海滨的味道扑面而来。厦大美丽的校园，中山路各式各样的小吃，公园里别样的安宁，环岛路绝美的风光，都让人忍不住爱上这里。去鼓浪屿邂逅一场不经意的浪漫，在海岸边看夕阳西下……东山岛的风动石令人称奇，马銮湾、金銮湾上白浪轻卷，奔跑在沙滩上，是难以抑制的欢乐。汕尾作为最后一站的停留，遮浪岛一边翻滚一边平静的状态正如心情一般。走在凤山，漫步红海湾，享受与山和海的亲密接触。

分路线：

1.广州—华南快速—广河高速—长深高速—梅河高速—天汕高速—国道G205—桃园东路—长潭（全程431.7公里，用时5小时12分）。

从天河区上华南快速转上广河高速，沿路行驶至终点进入长深高速，沿着长深高速行驶在新村的岔路口右拐入梅河高速/长深高速。沿路行驶经过葵岗隧道后在前方的立交处左转入天汕高速，朝蕉岭/G205方向行驶，到了长潭镇驶入G205。沿路行驶1公里右转入桃园东路，过了玉梅大桥后左转，前行右转入X046，沿路行驶便是长潭镇内。

## 特殊路况提醒

☞广州到梅州路段有3个加油站、17个摄像头。

☞广河高速在八斗互通路段限速100公里/小时，驾驶时注意不要超速。

☞梅河高速为水泥路面，雨天路滑。在河源、梅州境内有很多山道并且弯路较多，驾驶时需谨慎。

☞从河源往梅州按顺序有蓝口服务区、龙川服务区、兴宁服务区和永和服务区。

分路线：
2.长潭—国道G205—省道S332—省道S203—省道S309—土楼群（全程 130公里，用时3小时）。

从长潭出发进入G205，朝新铺/白渡方向行驶，在觉慈油站前方的岔路口稍向左转入S332，过了凳仔岗隧道后前行31.6公里进入S203。沿路行驶到下洋镇，继续前行至岐岭乡右转进入S309，沿路行驶至湖坑镇岔路口左拐入湖坑镇，沿乡道行驶至书洋镇。

## 特殊路况提醒

☞梅州长潭到永定土楼群路段有19个加油站，整段路多山道，需谨慎驾驶。

☞S332过坑尾后进入凳仔岗隧道，雨天注意防滑。

☞永定土楼在各个土楼间是许多山路，山高弯多，需要谨慎慢行。

分路线：
3.洋湖线—莆永高速—漳龙高速—龙岩—漳龙高速—漳州—厦漳高速—厦门（全程215.7公里，用时3小时15分）。

从洋湖线进入S203上S10/莆永高速，在龙门枢纽朝龙岩/漳州/厦门方向右转进入漳龙高速。沿路行驶约117公里，朝厦门/泉州/福州方向，稍向右转进入漳州枢纽，进入厦漳高速。沿路行驶24.5公里，从杏林/G319出口离开进入杏前路，过杏林大桥上成功大道，沿路便到厦门市中心。

## 特殊路况提醒

☞龙岩到厦门路段有5个加油站、6个摄像头。

☞莆永高速路段有12处隧道，漳龙高速路段有11处隧道，需要小心驾驶。在莆永高速右转入漳龙高速后就过龙门大桥和龙门隧道，行车时需注意安全。

☞莆永高速上有坎市服务区，漳龙高速上有适中服务区、金山停车区和朝阳停车区，厦漳高速经过东孚服务区。

分路线：
4.杏前路—厦漳高速—深海高速—漳诏高速—省道S201—通港路—县道X544—铜陵镇（全程187.6公里，用时2小时47分）。

从厦门出发过杏林大桥，沿着杏前路上厦漳高速，沿路行驶14.5公里，过鸭母寮后朝沈海高速/G15方向行驶。沿着沈海高速行驶，在与漳诏高速交会处进入漳诏高速，在东山岛互通从东山岛/林头出口离开。沿匝道行驶进入S201，行驶6公里右转入通港路，沿路到下湖村进入X544，沿路下去就是铜陵镇。

## 特殊路况提醒

☞厦门到东山岛路段有6个加油站、14个摄像头，经过沙西服务区。

分路线：

5.东山县—通港路—沈海高速—省道S242/海汕公路—汕尾大道—汕尾市中心（全程352公里，用时4小时15分）。

从东山县沿着通港路上沈海高速，沿路行驶100多公里到汕头市，继续沿路前行200公里左右到汕尾市，在埔边互通处从汕尾/海丰出口离开，进入S242/海汕公路，行驶约7公里后直行进入汕尾大道，直行便是汕尾市中心。

## 特殊路况提醒

☞东山岛到汕尾路段有7个加油站、33个摄像头，途经惠来商旅服务中心。

分路线：

6.汕尾市—省道S242—沈海高速—广惠高速—济广高速—沈海高速—广州城环高速—机场高速—内环路—市中心（全程247公里，用时2小时54分）。

从市政府出发沿着汕尾大道进入S242，在埔边互通上沈海高速。沿路行驶约75公里朝惠州/广州方向右转进入凌坑互通，接着进入广惠高速。沿路行驶约56公里进入济广高速，继续行驶约92公里朝广州市区方向左转进入广州绕城高速。在火村立交处右转继续前行，在三元里处广园西立交桥进入机场高速，行驶2公里进入内环路，下了内环路就是广州市区。

## 特殊路况提醒

☞汕尾到广州路段上有4个服务区、7个加油站、29个摄像头。可在惠州市的汝湖服务区稍作停留休息。

## 行程安排

**☞第一天：**

广州→河源吃午饭→梅州长潭→一线天→长谭湖游览→澳洲山庄住宿。

如果没有来过万绿湖，也可以在河源万绿湖稍作逗留，那里景色十分美丽。到达长潭时是下午三四点，在这里游湖赏景是最惬意不过的。

**☞第二天:**

早饭→蓬莱仙境→驾车前往永定土楼→高头乡→书洋镇。

到达土楼时应该饥肠辘辘了，可以品尝永定美食如酿豆腐、擂茶、白斩河田鸡、永定菜干等。一下午可能无法参观完土楼群，可根据自己的爱好选择想要参观的土楼地点。

**☞第三天:**

田螺坑土楼群、裕昌楼→初溪土楼群→驾车前往厦门→中山路→海湾公园→白鹭洲公园。

到达厦门差不多晚餐时间了，中山路上有很多好吃的。餐后逛逛街还可以去公园漫步、游船。

**☞第四天:**

胡里山炮台→南普陀寺→厦门大学→环岛路→鼓浪屿→漫步街头→海边漫步→露营或者住宿客栈。

可以在厦门大学芙蓉湖边野餐，也可以在芙蓉餐厅用午餐，味道不错。

**☞第五天:**

菽庄花园、皓月园、日光岩等景点→街头漫步→回厦门市中心→驱车前往东山岛→风动石景区，夕阳和夜景不错。

**第六天：**

马銮湾→金銮湾→岛上随意逛逛→驱车前往汕尾。

如果想要海边露营烧烤，可以在第五天去马銮湾或金銮湾，第六天上午游览风动石景区。

**第七天：**

风山祖庙旅游区→屿仔岛→红海湾→回广州。

屿仔岛很小，去的人也较少，虽然不是热门景点，但是山清水秀，别有一番风味；红海湾浪漫静谧，十分令人放松，以此作为 7 天旅行的结束点将会是一个完美的句号。

## 怎么玩

### 醉游长潭

长潭度假区位于梅州蕉岭县，山秀湖绿、峡谷险峰、异国风情的主题山庄令人深深沉醉，是一个放松身心的好去处。

长潭湖景色优美，荡舟其上只觉得人在画中行。傍晚看夕阳西下，周边环境一片静谧祥和。动物园内生机盎然，最有意思的是调皮的猕猴。在澳大利亚风情园内有微缩版的澳大利亚景点，还有一个大型的菠萝供游人登顶眺望。在楼上看着烟波浩渺，直叫人心旷神怡。

## 永定土楼，徜徉在方圆之间

“土楼大王”承启楼位于高北村，曾是邮票上的风景。它巨大无比，有着奇特的造型同时又十分古典。裕昌楼位于版寮村上节社。较为奇特的是它的支柱有许多左倾右斜，东倒西歪，让人担心其倒塌。它是最古老的圆楼之一。振成楼位于洪坑村，内部设计富丽堂皇、精致多变并且中西合璧，具有极高的审美价值，可谓是“土楼王子”。同位于洪坑村的福裕楼是一座府第式土楼。奎聚楼是一座宫殿式土楼，十分雄伟霸气。书香门第“衍香楼”“抗震巨堡”环极楼等都让人称叹。

## 厦门

如果不沿着环岛路走上一走，那么来厦门将是一个遗憾。可以骑行游览，一边海景开阔，一边街面清爽美丽。沿路清丽变幻的风景定会让人不虚此行。可以走到曾厝垵，这里曾经是一个小渔村。许多客栈小筑别具风情，还有多元的文化信仰。值得一提的是这里的芒果既便宜又好吃。

## 鼓浪屿

鼓浪屿与厦门市隔江相望，它的慢生活与小清新的调子令无数人心动。岛上鸟语花香，不同风格的建筑在岛上慵懒地立着，让人不知不觉便陶醉其间。

鼓浪屿上有许多小路可以慢慢逛。路边时时可以看到风情万种的古老建筑，静谧的花园，不知名的小巷。龙头街上汇集了各色小资情调的咖啡馆、小吃店、饰品店，都是独具特色、兼怀创意的。可以买上一本盖章本作为留念。在这里喝喝咖啡，写几张明信片，摄影拍照都是十分惬意的。不期然地与几只小猫邂逅，在音乐厅欣赏琴音叮咚，这里完全是文艺小清新的浪漫……

## 东山岛

东山岛也称陵岛或蝶岛，其形似翩飞的蝴蝶。马銮湾、金銮湾、乌礁湾等7个海湾绵延30多公里。马銮湾上帆影点点。这里的海水十分温顺，一年四季几乎见不到惊涛巨浪。2.5公里的沙滩山可以骑马、海上摩托、游泳等。金銮湾相对马銮湾人要少，水清沙白，十分纯净。可以在海滩租一顶帐篷，在海边抓海鲜、吃烧烤，早起看海上日出……海滩边还有许多渔家，可以去看晒鱼、捕鱼等。幸运的话，可以接受邀请帮助他们一起劳作，体验一下渔家的生活。

## 汕尾

最后一天可以在汕尾度过。在市中心走走逛逛，可以品尝各种美味小吃，如汕尾金钩虾米、玻璃鱿鱼等。在市区东面的品清湖畔拜一下凤山顶上的妈祖石像，山顶凤仪台上还能俯瞰汕尾全貌。凤山形似凤凰展翅，草木葱郁。旅游区内可以观看汕尾的渔家风情，欣赏海陆丰戏曲、正字戏、白字戏、西秦戏的脸谱。市区内有许多乐园可以游玩，也有一些历史景点供人缅怀。

红海湾遮浪岛也是汕尾的经典之一，素称“粤东麒麟角”。红海湾优美的圆弧在海浪的衬托下异常静美。海滩上的沙子细软而轻柔，轻轻摩挲着脚掌让人倍感舒适。岛上一面白浪滔滔，一面风平浪静，十分奇特。在这里结束十一的浪漫之旅是最合适不过的……

## 住宿推荐

第一天可以宿梅州长潭，旅游区内有许多度假村和旅馆，价格100~300元。澳洲山庄环境优雅活动丰富，标间120元起，地址：广东省梅州市蕉岭县972县道，电话：0753-7511122；长潭旅游度假村环境干净整洁，地址：长潭大道2-3号，电话：0753-7513288。

第二天可以宿永定土楼。住宿分为土楼和普通旅馆，价格100元左右。有许多土楼旅馆50元左右1晚，承启楼内最便宜。土楼福裕楼常棣客栈，土楼风格，服务热情，周边风景秀丽，78元起，地址：龙岩市永定县湖坑镇土楼民俗文化村，电话：0597-5532800；永定土楼承启楼农家饭庄干净整洁，有美味的农家饭，60元起，地址：龙岩市永定县高头乡高北土楼，电话：0597-5571786。

第三天宿厦门。厦门中山路附近交通便捷，有多家酒店旅馆可以选择。厦门南方酒店(中山路店)服务到位，与鼓浪屿隔海相望，173元起，地址：厦门市思明区镇邦路59号，电话：13400729600，传真：0592-2978186；厦门海城宾馆设施完备，房间宽敞，温馨舒适，278元起，地址：厦门市思明区虎园路4号，电话：0592-2046672；厦门旅好家酒店式公寓视野很好，服务热情，173元起，地址：厦门市思明区开元路296号源通大厦20B01室，电话：0592-2571300。

第四天宿鼓浪屿。鼓浪屿的住宿选择非常多，从家庭旅馆到豪华别墅应有尽有。家庭旅馆是不错的选择，装修十分温馨，有着浪漫的情调。价格大多为200~500元。日光海岸家庭旅馆218元起，环境清幽视野开阔，地址：厦门市鼓浪屿晃岩路53号，电话：0592-2062108；厦门鼓浪屿国际青年旅舍干净整洁，氛围舒适，85元/床位，地址：厦门市思明区鼓浪屿鹿礁路18号，电话：0592-2066066；厦门旗山一号公馆花园公寓式住宿，地理位置和环境很好，378元起，地址：厦门市鼓浪屿旗山路1号，电话：0592-2525988。

第五天宿东山岛。东山岛有许多临海旅店，景观不错，价格一般在100~300元，黄金周会贵一些。东山岛南门湾海景公寓临海环境不错，标间99元起，地址：福建省漳州市东山县铜陵镇七星路海景楼，电话：0596-5991345；漳州东山海悦酒店舒适干净，标间173元起，地址：漳州市东山县铜陵镇滨海路8号（东山港码头旁），电话：0596-5638989。

第六天宿汕尾。汕尾市区有许多酒店、宾馆，十分方便。巴黎半岛酒店环境优雅，518元起，地址：汕尾大道中段，电话：0660-3216888；泰林酒店，标间238元起，地址：汕尾大道，电话：0660-3367999；7天酒店汕尾市政府店，简洁舒适，151元起，地址：汕尾市城区红海东路和顺市场左侧，电话：0660-3307777。

## Tips

1. 长潭水库乘坐机动船游水库80元1人，游1小时左右，可以讲价。

2. 永定土楼开放时间为早上8点到下午5点，土楼分A线和B线，分别为田螺坑—裕昌楼—塔下线与和贵楼—云水谣—怀远楼线，AB两票都是当日有效。

3. 厦大门前有许多学生卖手工绘制的厦大地图，2元钱左右，简单实用并可以作为收藏纪念。由于校园很大，可以骑自行车逛厦大，走路可能较累。如果徒步，在芙蓉隧道走一段路便可以返回，因为隧道很长。

4. 海湾公园有许多酒吧，夜里10点之后还很热闹，喜欢夜生活的朋友可以那时候去。

5. 去鼓浪屿的渡轮可以事先在网上买票，现买可能需要排较长的队，特别是旅游旺季。早点去的话，可以占到较好的位置，5~10分钟便能到岸，在船上可以欣赏美景，上第二层的话要多加1元。

6. 鼓浪屿各景点需要门票。菽庄花园30元/人、皓月园15元/人、国际刻字馆10元/人、日光岩60元/人、百鸟园20元/人。景点通票80元1天内有效。清晨六点半之前日光岩免票，下午六点后皓月园可以免票。

7. 东山岛上海边的海鲜价格较贵，在海滩外的街道上买就实惠多了，味道也相差无几。铜陵镇小街上的小吃既丰富又实惠。

冬
Winter

# 天门沟
## 冬日里的一抹暖色

目的地：英德市天门沟　　距　离：约200公里
车　程：约3小时20分钟　　路　况：大部分为高速，也有省道和县道

英德天门沟景区坐落于广东省英德市石牯塘镇八宝山，这里风光秀丽，宛若远离尘嚣的蓬莱仙境。天门沟全程约5 000米，拥有着10多个秀美的自然景观，且因尚未开发完全，显得自然而野性。

天门沟内树木茂盛葱茏，植被覆盖率很高，其间分布着上百个层级瀑布，而又以落差136米的天门大瀑布最为著名，这些瀑布在明媚的阳光下反射着银白色的光芒，宛如一条条银质的缎带。踏着林间石梯拾阶而上，乏了，呼吸一下清新的空气，顿觉神清气爽。累了，泡一泡独特有趣的树上温泉，疲劳一扫而空。傍晚时分，落日的余晖将整个天门沟都镀上了一层金色，如此唯美的画面，怎不让人心醉？饿了，到山脚的九州驿站尝一尝爽口的农家菜。困了，在原始而富有情趣的树屋中伴着虫鸣安眠。生活，也可以如此惬意！

对了，因为有这奇特的树上温泉，所以最好选择在冬季去天门沟游玩，累了泡一泡温泉，绝对是一种享受。

## 路书

从广州出发，出城后上广清高速，沿广清高速行驶60.3公里后进入环岛，经江南北路进入省道S114行驶1.3公里后上江北路。沿江北路行驶5公里后经清和大道上清连高速，行驶45.8公里后上匝道。沿匝道行驶1.1公里后经省道S114左转弯进入省道S348。沿省道S348行驶13.5公里左转进入省道S347，然后经县道X380行驶7.4公里便可到达英德天门沟九州驿站。

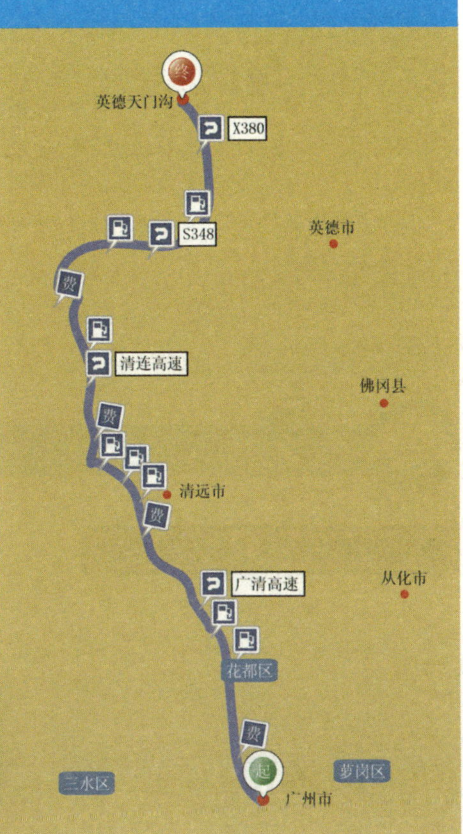


行车路线：

广州—广清高速—清连高速—省道S348—清远市—天门沟

### 特殊路况提醒

☞从广州到英德天门沟，一路基本上是高速公路、省道和县道，路况较好。沿途有4个收费站，广清高速上3个，清连高速上1个。沿途一共有18个红绿灯和8个摄像头，驾车的时候要注意车速，最好不要行驶过快。

☞路上一共有8个加油站，完全不用担心没地方加油。广清高速上设有2处服务区，若是驾车疲倦，可以停靠休息。因需要行驶3个多小时，两处服务区在旅途中的位置相对靠前，建议在这里休息充足之后再继续驾车。

☞英德市区内交通较复杂，一条路可能限速40公里/小时、50公里/小时或60公里/小时不等，需要特别注意，一定要看清指示牌。

## 行程安排

### 第一天：

广州→游历天门沟景区→泡树上温泉→享树屋之趣味。

早上出发，到达英德天门沟差不多中午，建议找个农家餐馆吃过午饭之后再开始天门沟之旅。晚上回到山脚的九州驿站，泡泡树上温泉，洗去一天的疲乏。泡完温泉之后，还可以坐在温泉旁边的亭子里和家人、朋友喝喝茶、聊聊天。困了，就躺在树屋里的木床上，听着窗外大自然的声音渐渐入眠。

### 第二天：

看日出→回广州。

翌日，可以早一点起来看看日出，再回广州。

# 怎么玩

## 亲近原始森林，给心灵放假

北宋著名书法家米芾游天门沟时，曾作诗赞美道：“信矣此山高，穹窿远朝市。暑木结苍荫，飞泉落青翠。”一进入天门沟，仿佛踏进古老的原始森林一般，满目青翠，鸟语花香。雄伟壮观的瀑布“疑似银河落九天”般飞流直下，水流经悬崖落在巨石上，溅起朵朵水花。鸟语声，瀑布声，合奏成一曲动听的大自然之歌。若是恰逢暴雨过后，漫山云雾盘绕，彩虹跃出山头，犹如蓬莱仙境。穿梭在原始森林，沿途还可以观赏如仙逸台、仙人栈道、不老泉、天井、天下金山、猴王墩、天中瀑布、天门瀑布、天门圣境、水石长廊等诸多景点。累了，将相机放在一旁，脱去鞋袜把脚伸进水里，接受清澈见底的溪水和光溜溜的小石子的按摩。张开双臂，尽情地呼吸清新的空气，尽情地贴近大自然，给心灵放个假，做一个忘却凡尘世俗，无拘无束的自然人！

## 树上温泉，洗却尘世乏累

天门沟景区的规模虽然不算大，但它的独特却令人难忘。这里郁郁葱葱、四季常青的树木，飞流直下的雄伟瀑布，温暖的冬日太阳，清新自然的纯净空气，是很吸引人的。但最令人神往的，莫过于这里的树屋和树上温泉。游览完天门沟的景点，天色渐黑，不知不觉中便来到山脚的九州驿站。推开树屋的房门，温泉就在眼前。累了，除去衣衫进入温泉，洗却一天的乏累。可以拿一本书，泡在温泉中细细品味。如果是在晴朗的夜里，一抬头还可以欣赏到唯美的星空。泡完温泉，坐在温泉旁的亭子里跟家人聊聊天、喝喝茶、打打牌，那种天伦之乐是无法用言语表达的。

## 看杨贵妃遗迹，夜宿树屋

英德天门沟驿站在古时候被称为尧山驿站，是岭南府至西京古道上的一个重要站点。“一骑红尘妃子笑，无人知是荔枝来。”唐玄宗和杨贵妃美丽的爱情故事便是发生在西京古道之上，尧山驿站便见证了这个美丽而古老的传说。尧山驿站现在叫作九州驿站，位于英德天门沟的山脚。

沿着一条深邃的走廊进入山门，映入眼帘的便是一片依树而建的树上围屋，非常神奇。这些小巧的树屋隐没在郁郁葱葱的树林和飘动的野藤之间，冬可取暖。每座木屋都有姓氏名称，制成古朴的标牌悬挂于屋前。房屋的四周，还悬挂着写了一个大大的“驿”字的古香古色的红灯笼，极具中国特色。树屋外表用树皮藻饰，里面设施齐全，电视、空调、电吹风、卫生间等应有尽有。

## 住宿推荐

虽然英德天门沟距广州只有3个多小时的车程，一天可打个来回。但去英德天门沟景区，不泡一泡趣味横生的树上温泉，住一住天门沟最具特色的树屋，枉费此行。九州驿站的树屋别具一格，价格也不便宜，即使在网上预订，也相当于星级酒店的价格，多在800~1300元。不过，独特的美景当前，偶尔放纵一次也不为过。

驿站农庄和山庄的价格与树屋相比稍微便宜一些，景色也格外别致，价格在400~600元。娇艳的花朵围绕着木屋，与小屋相映成趣。一张大床，一张木桌，两张小凳，几盏灯笼，虽不如宾馆和酒店住得舒适，却另有一番情调。

### Tips

1. 英德有众多景观优美的旅游地，若是时间充裕，回程的时候可以去英西峰林游玩。

2. 英德天门沟景区门票为60元，在网上购票会有一定的折扣。树上温泉也是需要购买门票的，票价为120元。天门沟和树上温泉的门票一起购买只要150元。但是，如果入住九州驿站，有些树屋内有独立的温泉，若是觉得没有必要，可以不用购买树上温泉的门票。

3. 九州驿站内设有专门的食堂，免费提供早餐，中晚餐则需要付费。

4. 驿站树屋和农庄的住宿价格在平时可能会便宜一些，如果节假日和周末过去，最好提前在网上预订或电话预订，以免出现房间紧缺的情况。

5. 泡温泉以前，最好先查一下温泉的相关资料，了解温泉的种类，并根据自身的条件判断选择。避免空腹、饭后、酒后泡温泉，泡温泉与吃饭的时间至少应间隔1个小时。泡温泉时，记住合上双眼，以冥想的心情，缓缓地呼吸数次，才能真正释放身心压力。

# 小洲村
## 邂逅最柔软的冬日时光

目的地：广州市海珠区小洲村　　距　离：约13公里
车　程：约30分钟　　路　况：大多是省道，小部分是市级公路

小洲村位于广州市海珠区东南部，顾名思义，是一座与水相伴的小村落。小洲村建于元末，数百年的风雨沧桑并没有洗刷掉她“岭南水乡”的特质，至今仍保留着小桥流水人家的温婉韵致。因其古风古韵的景色，小洲村一直是摄影爱好者的天堂，不管是古庙祠堂、小桥流水、传统民居，还是浓密的树荫，含着烟嘴的老人……每一幅画面都浑然天成。

近年来，小洲村一些年久的老宅院都进行了翻新改造，这项举动虽然存在很大争议，但小洲村并不是纯粹的商业旅游景点，当地村民良好的生活条件才是最重要的。改造后，小洲村的古朴韵味并没有被抹去，而是另有一番味道。无论是村落的大榕树，枕河而建的旧房屋，抑或停泊岸边废用的小船只，这些古韵犹存的小风景，掺杂了点儿现代元素后，都成了年轻人眼中的“小清新”“小文艺”了。此外，小洲村也会经常开办艺术展览等活动，村中的艺术区还开设了许多出售原创手工艺品的精致小店，这些小店似乎都配合着小洲村的古韵，让她不再因为岁月的流逝而寂寞。

从广州市出发，通过东风中路、东风东路到达黄埔大道西，行驶2公里后，过右侧的勤建大厦约130米后，朝华南快速/科韵路方向继续行驶900米。驶入黄埔立交，然后进入华南快速，朝华南快速干线南行6.8公里，然后从服务区出口离开匝道，沿匝道行驶900米，在左前方转弯2次进入小洲东路，然后经瀛洲路到达小洲村。

## 特殊路况提醒

☞华南快速干线上测速比较严格，摄像头较多，限速较低，注意不要超速。

☞广州市区内车辆较多，出行高峰期车流量大，自驾请尽量避开这段时间。

☞除了上面建议的行车路线，还可以走新港西转江海大道、新滘南、土华村方向。这条路比较近，但是路窄车多，路况较为复杂，而且很多地方没有指示牌，不像推荐线路全程都有指示牌，不容易迷路。

## 行程安排

### ☞上午：

抵达小洲村后，品尝“老广州风味”精致茶点。

小洲村有不少提供早茶的店铺，味道很地道，千万不要错过。

下午：

游玩小洲村→回广州。

小洲村有正门到西门的推荐线路，但如果自驾去小洲村，因为要顾忌汽车行驶，所以不一定非要按照其推荐的线路游玩。

## 怎么玩

### 品最地道的广州美食

在小洲村，如果不品尝一下美食，那这趟旅程肯定是不完整的。时光为小洲村的建筑打上岁月的烙印，而村里的美食，也越发有滋有味。小洲村的广州美食非常地道，不管是早茶点心还是主菜，味道都让人赞不绝口。

金瀛酒家是小洲村比较著名的一家早茶铺，各式各样的传统点心（如蛋挞、虾饺等）一应俱全，既实惠又好吃，顾客大多是当地人。

娘妈桥艇仔粥是和东方理发店连在一起的，是理发店老板的副业生意。侧边小院子里的桌凳都是石制品或木制品，装潢非常别致，仿佛回到了几十年前的农村。这里提供软滑的艇仔粥、美味的猪脚姜、鲜香的萝卜牛腩、醇润的芝麻糊，爽脆的秘制酸萝卜也是游客们偏爱的美食。

### 蚝壳屋

除了古道古桥，小洲村最具特色的景点就是蚝壳屋了，其建筑材料主要是蚝壳，它是岭南曾经“沧海桑田”的见证物。蚝壳屋已有五六百年的历史，它的存在证明了小洲村所处的地方以前是一片汪洋。整座房屋经长年累月风雨侵蚀，蚝壳已全部外露，给人一种特别震撼的感觉。据说，用这种方式构建的屋子，冬暖夏凉，而且不积雨水，不怕虫蛀，很适合岭南的气候，让人领悟到古时候岭南村民的智慧。

## 住宿推荐

小洲村里有许多有小资情调的客栈。几米阳光客栈，距离小洲人民礼堂、瀛洲市场不足百米，从小洲礼堂内进；环境很好，秋千、兰花、阳光、雕塑，还提供烧烤器具。如果来小洲村游玩，想更多地感受水乡风情，住在村里无疑是首选，价格为268元/天。

卡特小栈位置临河，有7间客房，环境也很清净，客栈内还养了很多猫，喜爱猫的车友千万不能错过。价格为大床房每晚168元，家庭三人房每晚268元。

### Tips

1. 小洲村不收门票，是一个仍有村民居住的村子，游玩的时候动作声音尽量放小，避免影响居民日常居住。也希望游客都能做好保护小洲村原生态环境的工作。

2. 广州早茶很地道，如果想体验岭南味道，尽量安排在行程内。如果遇到了村内一些美食小吃，不妨坐下来好好品尝一下。

3. 热爱拍照的朋友，记得留意拍摄那些隐蔽的角落，那才是村子最美的景色。

4. 村里有一些工艺精品店开在古民居内，店主也都把店面装潢得很精致，很漂亮。喜欢精致的小东西和原创工艺品的朋友不妨多花点时间逛逛，或许有意外的收获。即使不买东西，进去逛逛也是一种独特的艺术享受。

5. 来之前可以查清楚这里是否开设展览与展览开设的时间段，可以挑有展览展出的时间过去游玩。

# 火龙线
## 放飞心灵，征服自然

目的地：广州市火炉山森林公园　　距　离：约20公里
车　程：约30分钟　　路　况：全程市区公路，路况很好

火龙线，意为火炉山——龙洞的路线，全程约20公里，是广州市内最成熟、最适合初级和中级驴友徒步穿越的路线。现在火炉山、龙洞，以及中间的凤凰山都被规划成了森林公园，成为都市人群释放心灵、缓解压力的不错之选，与白云山相比更加清幽纯粹，没有太多的人工痕迹。

整条线路几乎都是在山脉中上下穿行的。从火炉山森林公园出发，沿着急升坡翻越猪仔岭、凤凰山，然后下行到筲箕湾，清绿的水源看着都觉得心灵澄澈清爽了不少。稍作整顿后继续前行，穿越10号界碑，翻过废弃的石场，最后到达龙洞森林公园。一路走来虽然崎岖辛苦，但千万不要只顾着埋头攀登，沿途那些已与山林融为一体的风景也不容错过：火炉山的猪头石，藏在大树下的界碑，抗日战争中留下的碉堡……

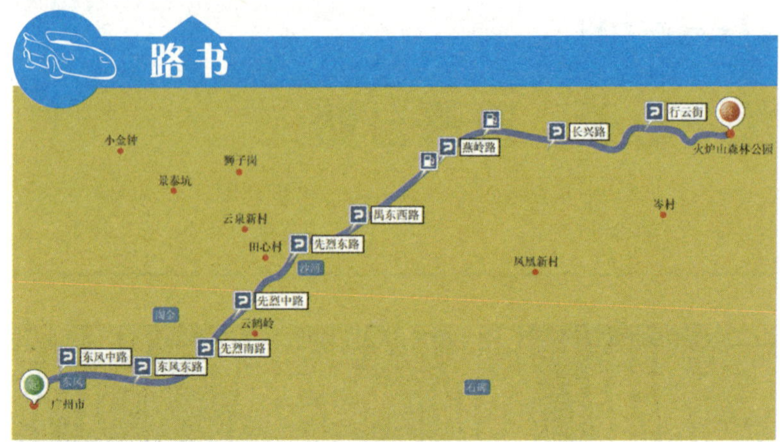


行车路线：
广州市中心—先烈路—禺东西路—燕岭路—长兴路—行云街—火炉山森林公园

从广州市中心向东出发，沿先烈南路、先烈中路、先烈东路方向行驶约3.7公里进入禺东西路。行驶1.3公里后进入燕岭路，继续前行2.6公里后在广汕立交桥右转进入长兴路。行驶约2.9公里后进入行云街，直行1.4公里后左前方转弯，沿岑村公路、华观路、育新街行驶，不过1公里便可到火炉山森林公园南门了。

## 特殊路况提醒

☞从广州市中心到火炉山森林公园一路上基本是市区公路，路况很好。一路上有33个红绿灯和4个摄像头。

☞路上一共有2个加油站，且都在燕岭路上。

☞火炉山公园附近有10个停车场，价格不一，岑村车管所旁的停车场比较实惠，4元/2小时，超过12小时每小时加收1元。

## 行程安排

☞**上午：**

广州→火炉山森林公园→火炉山山顶→猪仔岭→凤凰山→簕箕湾水库→野餐。

早上7点半从广州市区出发，8点左右到火炉山，沿着徒步穿越路线上山下坡，到凤凰山的时候差不多12点了，可以在凤凰山山顶或者山脚的水库野餐，整顿休息。

下午：

箬箕湾水库→石场→龙洞森林公园→火炉山森林公园→回广州。

下午 1 点左右继续前行，到龙洞森林公园要 3~4 小时，可以休息一下，体力好的还可以逛逛公园，然后打车或搭公交回火炉山森林公园，再驾车回广州市区。

## 怎么玩

### 在火炉山呼吸绿意

火炉山森林公园位于广州市天河区东北部广汕公路南边，被华南植物园、广东树木公园、世界大观、航天奇观等景点围绕在中心，占地约600公顷。公园内生长着许多亚热带阔叶树，黎朔、荷树、火力楠、海南红豆、美丽异木棉等，让整座公园显得林木繁盛，源源不断地为这片区域提供新鲜的氧气与四季不间断的清新绿意。还有那些藏在森林中的猪头石、鸡枕石、三间二廊，都是在广州颇有盛誉的自然奇观。

### 在龙洞水库涤濯心灵

龙洞森林公园荒凉得如同被这个世界遗忘，但它仿佛丝毫不以为然，树木将山坡填得充实满载，3个水质清澈的水库荡着轻浅的涟漪，微风带着树木和雨露的清凉，滋润和洗涤着每一个无意间闯入的行人……

### 于细微处寻找惊喜

不管是火炉山的猪头石、鸡枕石，还是山上随便一棵你能叫得出名字的树，都是沿途不可错过的风景。那一个个矮小的界碑，藏在路边树下，仿佛在默默地告诉你已经穿越了不同的区间。站在猪仔岭眺望天河区，高大的树木已从远到近渐渐密集，让你恍惚置身于世界绿色的中心……

## 住宿推荐

火龙线虽然可以露营，但冬天不作推荐。

山景商务酒店：位于广州市天河区柯木狼广汕二路7号，电话：020-87028388，价格188元起，距离火炉山森林公园456米；顺源商务酒店：位于广汕二路663号，电话：020-37286047，距离公园1.4公里；佳缘公寓：位于中山大学新华学院旁，电话：13556027650，距离公园1.6公里；和记公寓：位于广汕一路711号，电话：020-37233256，距离公园1.7公里。

### Tips

1.火龙线徒步穿越路线已经很成熟，沿途有多个补水点，但最好还是随身携带一瓶运动饮料。喝水不要太急，慢饮才能更好地达到生津止渴、补充水分的目的。

2.火龙线几乎是崎岖的山路，切忌贪快急行。上坡时最好保持匀速前进，不疾不徐，休息不要太频繁，也不要太久，否则会消耗更多体力，且容易引起小腿抽筋。下坡时步履缓慢沉稳，切忌蹦跳打闹，否则膝盖软骨容易受伤，造成永久性伤害。

3.临时有事或者身体不适的可以在筲箕湾水库中途搭车返回，切勿逞强。

4.经过废弃石场时一定要注意安全，以前出现过登山者在此丧生的事故。

5.从龙洞到火炉山车程约10公里，打车约需32元，公交可以乘坐581路，然后在天河客运站换乘28路。

# 帽子峰林场
## 灿烂夺目的南国色彩

目的地：韶关市帽子峰林场　　距　离：约 350 公里
车　程：约 4.5 小时　　路　况：大多是省道，小部分是市级公路

帽子峰属于广东大庾岭山脉，离南雄市区约42公里，地处南雄市西北部，它的北部和西北部蜿蜒至江西省大余县。帽子峰海拔1 058米，一年之中以大雾天气居多，只有晴好的日子才显露出帽子似的顶峰，所以就有了帽子峰的名字。

林场就处于帽子峰的腹心地带，总面积2 900多公顷。作为一个山地林场，这里自然林木繁茂，花草葱茏，山泉潺潺，鸟鸣嘤嘤。尤其是初冬时节的银杏，非常美丽。由于气候原因，广州的银杏一般在初冬才黄，与别地秋季看银杏不一样。

帽子峰林场的美丽当然不只是银杏，凌江河水电站形成的高山平湖，是泛舟和垂钓的好地方。登上峰顶观看云雾或日出，令人心旷神怡。另外，帽子峰林场在20世纪，曾是陈毅等人带领南方游击队活动的地区，留下了很多历史遗迹……

## 路书

从广州市区上京港澳高速行驶约190公里，然后朝南雄/赣州/S10方向转入赣韶高速。继续行驶约100公里，就到了南雄市。从南雄市出城，经过国道G323，行驶约2公里转入省道S342。在省道S342上行驶约18公里，到达帽子峰镇。在镇后向右转入，可以看到一段水泥路面的山路，行驶约17公里就到帽子峰林场。

行车路线：

广州市区—京港澳高速—赣韶高速—南雄市—帽子峰林场

### 特殊路况提醒

☞沿途路程较长，但只有在京港澳高速和赣韶高速有加油站，却没有服务区，所以提醒车主朋友作好相关准备。

☞京珠高速快到韶关一段路比较多坑，有些地方限速80公里，注意减速。

☞进入林场的山路现在基本修好，但部分有些坑洼，而且弯多，必须小心慢行。

☞帽子峰以多雾著名，尤其是看银杏叶的秋季更是多雾，上山时须小心驾驶。

### 行程安排

☞**第一天：**

广州市区出发→帽子峰镇吃午饭→进入帽子峰林场→寻找住宿→游玩。

早上8点从广州市区出发，大概中午到达帽子峰镇，建议在镇上的饭店用过午饭再进林场。进入林场后，要露营的找好位置盖好窝，不露营的要找好一个农家旅馆安顿下来。接下来正好是下午光线最好的时候，拿起你的相机去定格那些美丽的景色。有兴趣的朋友，晚饭过后可以驱车前往野温泉来个舒服的温泉浴，再回到林场数着星星睡觉。

**☞第二天：**

看日出或者秋雾→早餐→继续游玩→回广州。

帽子峰得名就是因为顶峰在雾气中形若帽子，而初冬正是多雾时节，所以爬山看雾是很不错的选择。那些雾气在山峦之间变幻莫测，仔细欣赏别有风味。如果赶上日出，那就更值啦！当然，也可以去凌江河电站泛舟钓鱼。

## 怎么玩

### 》赏金黄银杏，定格美丽画面

帽子峰林场种植了大量的银杏，既有成片绵延的银杏林，也有道旁屋侧随意零星栽种的几棵。每到冬季，银杏叶似乎饱吸了阳光的热量，层林尽染，满目灿烂。到了晚秋，凉风吹过，片片银杏叶飘落，山间小道上铺着满地金黄，行走其间有一种肃美之感……

“银杏大道”是个俗名，其实主要是林场的主路，两边银杏林非常集中，是游客最爱停留的地方。银杏因为色彩金黄灿烂的缘故，一直是摄影家镜头下的爱物。所以，此时你不妨按下快门，定格美丽的风景。

## 露营数星星，回到童年的感觉

帽子峰林场有一个废弃的峰林小学，有着大片的银杏林。这里不仅景色美丽，而且因为有树木的荫庇，近旁还有水源，所以是搭帐篷、露营的好地方。只要你爱护环境、守规矩，林场的员工一般不会干涉你露营的。遇到雨天，还可以去学校开着门的教室暂避。

林场的夜晚特别安静，不像城市那样喧嚣浮华，所以真是一个放松心灵的好地方。听着风吹过林木的簌簌声，看着透过树叶缝隙照耀进来的星光，你会有一种回到童年的感觉。在城市居住的日子，你很久没看到过星星了吧？

## 泡野温泉，让身心得到洗涤

“野温泉”是距林场5公里远的村子里的一眼温泉。要提醒一点的是：林场山路分岔多，所以要寻找野温泉，就要牢记“遇到岔路只走水泥路”的规则。

“野温泉”其实并不野，之所以得名为“野”，大概是相对于那些所谓的温泉旅游区而言吧。野温泉或许条件简单一些，但胜在质朴、自然。将自己的身体扔进温泉里，有一种身心都得到洗涤的干净。

当地村民为方便泡温泉，在泉

眼处引开两个池，并盖上砖瓦，男女各一池。野温泉的温度比较高，超过40℃，所以，如果有带小孩子的朋友，注意别让孩子泡太久，以免烫伤。

## 住宿推荐

在帽子峰林场“银杏大道”两侧，是林场员工宿舍。初冬赏黄叶期间，员工们都会把宿舍改装成家庭旅馆供游人住宿。费用按床位算，30~50元/床不等。

### Tips

1. 坪田镇距帽子峰林场约80公里，以山路为主，行车大概需要2小时。坪田镇是另一个欣赏银杏的好地方，银杏树都傍着村民的房屋栽种，树、屋、人构成灵动的风景。时间宽裕的朋友不妨去感受一下。

2. 帽子峰林场属于林区，所以露营的朋友最好不要野炊，以免造成火灾。银杏大道旁的家庭旅馆可提供地道农家饭、走地鸡、野菜、山水豆腐等。

3. 银杏是季节性景观，为了赶上银杏叶最漂亮的时候，去之前最好找当地人咨询一下。在一些论坛上，有车友推荐了两个当地人：帽子峰班车司机，电话：13827920487。还有一个店老板，电话：13112093337。车友们都夸奖这两人热心，品性好。

# 银杏村

## 岭南冬色尽染黄

目的地：南雄市坪田镇　　距　离：约 400 公里

车　程：约 4 小时 40 分　　路　况：大部分为高速，路况比较好

银杏村主要分布在广东省南雄市坪田镇，分布着十多个大大小小的村庄，几乎每个村庄都有银杏，所以“银杏村”是这些村庄的统称。在坪田镇有5 000多棵银杏树，树龄超过百岁的有近2 000棵，大多分布在坳背村、迳洞村、冯屋、姜塘、龙口村、军营寨等地。由于广东的气候比较特殊，每年11月下旬到12月中旬，银杏成熟金黄遍地，引无数踏冬寻美者和摄影爱好者竞相前来观光游览。

漫步在金黄色落叶铺成的乡村，就像走在柔软的地毯上，欣赏着那层层叠叠的黄染过的一个个村庄，一片片山坡，不得不惊叹大自然赐予我们如此美妙的地方。这时，没有其他想法，有的只是让自己融进这一大片的美景中好好享受。

## 路书

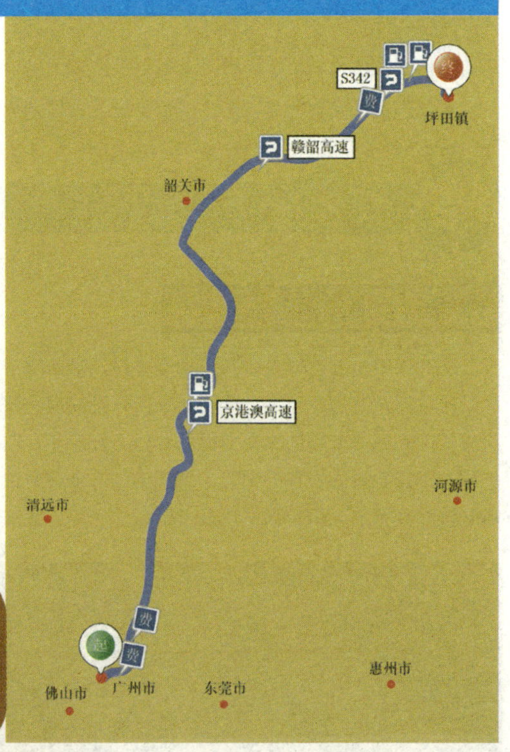


从广州出发，出了广州市区上G4京港澳高速，行约190公里进入韶赣高速，行约100公里从南雄城区出口离开上匝道，再进入G323国道。接着行驶3.6公里进入Y028，然后通过S342到达乌迳交警中队过坪田镇政府，然后转入乡道去银杏村。

行车路线：

广州市—京港澳高速—赣韶高速—省道S342—坪田镇

### 特殊路况提醒

☞本段线路只有3个收费站：三元里大道上一个，其余两个就是高速路的出入口。一共有8个红绿灯，主要分布在广州市内和省道入口处。

☞整条路段有4个加油站，京港澳高速上有一个，其余主要分布在S342线路上，一般是不用担心加油问题的，但是没有服务区，所以去此处之前一定要提前休息好，千万不要疲劳驾驶。

☞进入坪田镇到各个村子就是乡道了，如果不是下雨天还算好走，一般都是山路、土路，所以一定要小心低速驾驶。

### 行程安排

☞上午：

广州市→南雄市→坪田镇。

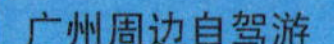


从广州出发到达南雄市区已接近中午，可在城区吃午饭，南雄美食多且一般为客家餐饮，然后出发到坪田镇。

**下午：**

坪田镇→坳背村→逛村庄，赏银杏。

从坪田镇到坳背村这段路几乎是乡道，可以到坳背村然后再去其他村庄。

## 怎么玩

### 穿过乡道赏银杏

从坪田镇出发可以直接开车到坳背村，沿着窄窄的乡道前行，快到目的地的时候可以停在路边，也可以停在那个新开设的简易停车场。不过下雨天还是停在路边，因为到停车场的路会变得泥泞，不好行车。坳背村大多是破旧的土房，但是这并不影响村中银杏的灿烂。每到初冬，金黄的银杏会将整个村子染成黄色，那些掩映其中的土房，则更让村子增添了一丝古老的韵味。

坳背村最出名的就是那颗树龄千年的银杏大王，它枝繁叶茂，斑驳沧桑。它就像一位老寿星，安静地守护着这个村子，注视着在树下祈福的老人，注视着在树下许愿的年轻人和快乐的、跳跃玩耍的孩子们。

## 老村落，古院子

广州冬日的天空湛蓝明亮，不管是挺拔俊秀、疏密可致、颜色可人的银杏，还是那一座座有着时代记忆的老房屋，抑或是乡间路边散步的老黄牛，池塘边颜色渐失的荷叶，都是一个个摄影爱好者争先恐后要留下的景色。在泛黄的冬日里，老村落是最美丽的景色。

## 住宿推荐

如果朋友多或者跟家人一起，可以带上帐篷和相关装备，在一片片黄叶中露营。当然，要多带件衣服和驱蚊水。

如果第二天要游览80公里以外的帽子峰，也可以开车3小时左右到帽子峰林场住宿。林场以前的宿舍多已改成家庭旅馆，有些改成了饭店，高峰期那几天最好提前预订住房，标间为60元1个床位。联系人：李阿姨，电话：13640167913。也可以返回到南雄市住宿。南雄市商业局招待所，地址：韶关雄州镇光明西路4号，电话：0751-3822186，每晚60元。南雄市人民政府招待所，地址：韶关雄州镇建设路112号，价格每晚130元，电话：0751-3822955。

### Tips

1. 银杏的观赏时间一般是11月中下旬至12月上旬，近年气温回升，观赏期可向后顺延几日。

2. 到坳背村那一段，路比一般的乡道更窄，可以把车停在外面，然后步行进去，从而降低行车风险。

3. 大片的金黄色调下，建议穿着红蓝紫色等反差大的衣衫，拍照更漂亮。

4. 如果有时间，可顺道游览，次日去帽子峰林场。林场规模巨大，场区整齐，大片银杏林枝叶交杂，片片若金，远处山峰林立，松竹修茂，林密如海，尤为壮观。可饮当地特有的帽子峰山茶，色泽橙黄，茶味先苦后甘。还可以吃到当地的家常菜：白果土鸡汤、酸笋焖鸭、坪田土鸡、冬笋板鸭等，由于靠近江西且山高水寒，菜味辛辣。